湛庐 CHEERS

与最聪明的人共同进化

HERE COMES EVERYBODY

The Birth Order Book

Why You Are the Way You Are

领头羊老大，外交家老二，推销员老幺

[美] 凯文·莱曼（Kevin Leman） 著
郭红梅 刘圆圆 崔艺楠 译

中国纺织出版社有限公司

献给我的大女儿霍莉

你公平正直、富有创造力、待人周到细致，

作为父亲，我为你感到骄傲。

献给我的大姐莎莉

我要向你道歉，小时候我常常趁你睡觉时用虫子捉弄你。

谢谢你，你是一个很棒的姐姐。

献给我的哥哥杰克

你是我的英雄，虽然小时候你不止一次试图把我带到树林里，然后丢在那里。谢谢你，当我被邻居家小孩欺负时，是你挺身而出。

献给我的母亲梅和父亲约翰

你们成功养育了三个出色孩子，我们深深地爱着你们。

你了解“出生排行”的秘密吗?

扫码鉴别正版图书
获取您的专属福利

扫码获取全部测试题及答案，了解“出生排行”是如何我们一生的。

- 灵活变通，避免冲突，独立，忠于朋友，交友广泛，质朴，深藏不露，拥有这些特质的更有可能是家中的：

  A. 老大

  B. 老二

  C. 老幺

  D. 独生子女

- 以下对完美主义的描述中，错误的是：

  A. 完美主义是一种负担

  B. 完美主义是压力甚至疾病的源头

  C. 完美主义有可能导致慢性自杀

  D. 完美主义其实是一种优势

- 以下哪两种人的结合更能创造幸福的婚姻：

  A. 老大加中间孩子

  B. 中间孩子加老小

  C. 老大加老小

  D. 中间孩子加中间孩子

扫描左侧二维码查看本书更多测试题

继续探寻“出生排行的秘密”

本书参考了多年来我所了解到的许多家族的情况。我的研究几乎触动了整个北美乃至整个世界的神经。当读者了解出生排行和个性发展之间的联系后，都会“深有同感”。雷维尔出版社（Revell Publishing House）联系到我，希望重新出版这本书。时至今日我还是希望能用最初的书名“亚伯这是自寻绝路”（*Abel Had It Coming*）出版——这可是最早有书面记载的发生在哥哥和弟弟之间的家庭战争。

出版方再一次提醒我：“莱曼，别让成功冲昏了头脑。书名已经充分说明了主旨，足够好了，你就别再改来改去了！”

但是因为这一版增加了大量新的内容，委员会经过商讨，决定从里到外进行一次大的改动，所以，现在大家读到的是一个全新的版本。你一定很好奇会有什么新的内容吧？

自从第 1 版出版后，我继续做了很多研究，想看看出生排行对婚姻、再婚家庭和个人事业有怎样的影响。我还进一步研究了完美主义者的心理压力——完美主义者大都是家中老大或独生子女。

我收集了许多关于这方面的材料，同时还获得了许多家庭生活的经验（有很多都不是我的妻子桑德和我的亲身经历）。自本书 1997 年版出版后，我们家又多了两个小家伙：汉娜和劳伦。那么，排行在莱曼家族里产生了怎样的影响呢？从前我们的儿子凯文是家里最小的，现在是不是更像一个排行在中间孩子？劳伦是家里最后一个出生的，她会不会是一个典型的老小性子？阅读完本书，你会发现出生排行对性格的影响并非无稽之谈。

如果你一直对出生排行理论感兴趣，并且决定重读一遍这本书，我希望它能带给你更大的乐趣。如果你刚开始接触这本书，对于出生排行的影响还不太了解，那么我希望它能引起你的兴趣。希望新版能像第 1 版那样受到千万读者的欢迎。

Part 1 出生排行如何影响性格

Part 2 出生排行带来的优势与困扰

Part 3 如何根据出生排行来因材施教

Part 4 如何运用排行规律剖析工作与婚姻

The Birth Order Book

Part 1

出生排行如何影响性格

01

出生排行的规律

在过去的 20 多年中，我参加过无数次脱口秀节目，经常有人问到这个问题：“排行真的起作用吗？”我觉得这简直像是在问：“吃饭睡觉有用吗？”

答案显然是肯定的，对于绝大多数人来说排行在人生大部分时间都在起作用。排行最为吸引人，同时也最耐人寻味的地方就是：同一个家庭出生的三四个或者七八个孩子为什么差别会如此之大？当然，标准排行规律也不乏例外情况，但了解了排行是怎样起作用之后，这些例外又能得到合理的解释。即使有例外，也跟你的出生顺序有关。我把它称作你的“家谱分支”，这种分支在很大程度上可以解释你为什么变成现在的样子。

不过，当我做讲座或者给别人做心理辅导时，还是听到有人会问：“排行？是不是跟星座差不多？是不是因为我是射手座而我的丈夫是天秤座，他才总惹我生气啊？”

当时我真想脱口而出：“这和星座毫不相干！‘星座’这个词我都听得想吐

了。”可是我克制住了，面带微笑，循循善诱地答道：“排行跟星座没什么关系，但它可以为你了解自己的性格、配偶、孩子、工作提供一些重要的线索。”

“好吧，好吧，”可能还有人会问，“那你就说说什么是排行吧。它有什么吸引我的地方？”

我就会给他解释，排行是一门帮助你认识你在家族中的位置的科学。你是家里的老大？老二？老三？还是老四、老五？不管你是老几，你的排行都会在你的一生中产生无数的影响。作为一名心理学家，在整个职业生涯中，我每天都会用排行理论，帮助人们了解自己，解决他们的问题。

哪项特质最符合你

为了让我的客户对排行有所了解，我经常给他们做一个小测验：下面的哪一项性格特征最符合你？（做这个测试的人要明白，你无须完全符合某种类型的每一项特征，只需选择其中和你最贴近的描述和行为方式即可。）

A. 力求完美，可靠，有责任心，计划周详，条理分明，难以掌控，具有领导天赋，判断公正，严肃认真，勤学好问，逻辑严谨，不喜欢惊喜，喜欢电脑

B. 善于调解，善于妥协，灵活变通，避免冲突，独立，忠于朋友，交友广泛，特立独行，深藏不露，质朴

C. 善于操控，迷人，责难他人，引人注意，坚忍不拔，善于交际，善于推销，早熟，感情充沛，喜欢惊喜

D. 小大人，精明世故，从容不迫，成就很高，上进心强，杞人忧天，小心谨慎，

热爱读书，黑白分明，言辞绝对，无法忍受失败，自我期望值高，喜欢和非同龄人交往

也许你会觉得这个测试看起来很容易，因为 A、B、C 三个列表中所列举的特征正好是从家里年纪最大的到年纪最小的孩子的特征。的确是这样，如果你选择列表 A，那么你极有可能是家里的老大。如果你选择了列表 B，你很可能是一个中间孩子。如果列表 C 的描述更符合你，你可能是家里的老幺，而且正在为这本书中没有插图而感到不快。

那剩下的列表 D 描述的又是老几呢？列表 D 描述的是独生子女，我在这里把它列进来，是因为最近几年我对独生子女产生了很大的兴趣，一方面他们是家里的“老大”，另一方面他们又与其他有兄弟姐妹的老大有所不同。他们的一个独特之处就是，在他们身上更加显著地表现出老大的某些特征，但在很多方面又自成一派。

要注意，总结各个主要排行的性格特征时，我总是用“很可能”或“也许是”。这些排行特征并不是对每个人都完全符合。事实上，老大可能有着老小的性子，老小在某些方面又有老大的风范，而中间孩子也可能看起来像个老大。我曾见过有些独生子女，性子和老小一模一样。对于这些不一致的地方，在接下来的内容中我会进行解释。

总统和牧师——老大的聚集地

看一看他们在家中的排行位置，也许就能揭示出其中的原因了。举个例子，

统计数据显示，老大往往能获得较高的地位，取得较大的成就。《美国名人录》（*Who's Who in America*）或《科学领域的美国男女》（*American Men and Women in Science*）两书中提到的很多人在家里都是排行老大。你会发现他们中的不少人都是罗德学者（Rhodes Scholars）或者大学教授。

至于总统和牧师，你一定猜到了，很多也都是老大。按我对老大的定义，截至 1998 年年底，美国的 42 任总统之中有 23 个都是家中的老大或者“代”老大，占总人数的 56%。第 2 章中我会详细解释什么叫“代”。有的美国总统并不是家里第一个出生的孩子，有的甚至是最后出生的，但通观全家，他们是家里的第一个男孩。在这种情况下，他们要承担作为长子的责任，当家里的老大哥。毫无疑问，这也培养了他们成为总统或领导人的潜质。

当然，还有些美国总统是排行中间孩子，也有些是家里的老小，其中包括演员出身的罗纳德·里根，他总统当得还不错。排行有三大类：老大、中间孩子和老小。1992 年总统竞选时，老布什、比尔·克林顿和罗斯·佩罗在电视辩论中架势十足，生动地展现了这三类人的不同特征。克林顿是老大，温文尔雅、信心满怀、对答如流，表现出很强的领导能力。布什是中间孩子，即使在竞选辩论中也是一派试图调解的谈判风格。佩罗则是肆无忌惮的老小性格，重磅出击，直言不讳，向他的对手提出很多难以回答的问题，时常引得观众捧腹大笑。

提到牧师，一次我和 50 名牧师在一块儿聊天的时候顺嘴说了一句：“牧师大部分都是家里的老大。”他们脸上露出怀疑的神情，让我觉得自己正在“散布”某些危险的异端邪说，所以我决定调查一下他们，看看我是不是说对了，结果 50 个人里有 43 个人是家里的老大或者独生子女。

研究证实，老大比之后出生的孩子更想获得成功。第一个孩子从事诸如科学、医学或法律专业的比例更大。你还会发现他们中很多人都成了会计师、行政秘书、工程师和计算机专家。值得一提的是，首批进入太空的 23 名美国宇航员中，有 21 个都是老大，剩下的 2 个是独生子女。最早的水星计划中 7 名宇航员都是老大。[1]

你往往会发现问题的关键在于，老大在专业领域能够集中强大的注意力，做事严谨，遵守纪律。[2] 20 世纪 70 年代，我在亚利桑那大学攻读博士学位时，做了几年院长助理。我总是喜欢验证我正在学习的排行理论，有一次我问一名建筑学院的老师，有没有注意过学院里其他老师的家乡在哪里，还有他们在家里的排行。他满脸疑惑地看着我，咕哝了一句："凯文，我有事要先走了。"

过了 6 个多月，一天他突然在校园里叫住我说："你还记不记得，你问过我一个问题，我们学院的老师在家里都是排行第几？后来，我私下调查了一下，结果发现这些老师几乎是家里的老大，要不就是独生子女。"

我的朋友感到十分不可思议，但让我感到高兴的只是一个基本的排行原理再一次得到证实。喜欢结构和秩序的人往往会进入严谨的专业领域，建筑就是这样的专业。

喜剧演员往往是老小，硬汉往往是老大

在排行天平的另一端，你会发现喜剧演员大多不是家中的老大。很多深受影迷喜爱的影视明星都是家中老幺，包括埃迪·墨菲、琼·里弗斯、莱斯利·尼尔森、金·凯瑞和切维·切斯。带给我们无限欢笑、排行老小的喜剧演员还有已故的约

翰·坎迪和查理·卓别林。

但是要注意的是这些演员有的也不完全是老小。虽然史蒂夫·马丁是家里最小的孩子，但他上面只有一个姐姐，这样算来他又是家里的长子。还有《今夜秀》（*The Tonight Show*）里的明星主持人杰·雷诺是老小，然而另外两个晚间秀的明星主持人约翰尼·卡森和大卫·莱特曼则不是。他们都排行老二，家里都有 3 个孩子。

其他排行老大的知名演员还有哈里森·福特、肖恩·康纳利、克林特·伊斯特伍德、亨利·方达和西尔维斯特·史泰龙，他们通常扮演的都是具有男子气概的领导者。

有一些演员则是独生子女，包括罗伯特·德尼罗、安东尼·霍普金斯、罗杰·摩尔、托尼·兰德尔、威廉·夏特纳和罗宾·威廉姆斯，他们扮演了很多知名的戏剧或喜剧角色。

新闻播音员和电视节目主持人往往是老大或独生子女。我曾经上过 31 个城市的电视节目，顺便做了一点调查，结果 92 个访谈节目主持人中只有 5 个不是老大或者独生子女。再列举几个在家中排行老大的知名访谈节目主持人，菲尔·多纳休、奥普拉·温弗瑞、索尼娅·弗里德曼，以及十分出色的新闻发言人拉什·林堡。

罗西·奥唐纳虽然不是老大，但她是长女，上面有两个哥哥。她是一位狂热的娃娃收藏家。“如果你把一个公仔拿出来，放到另一个地方，她一眼就能看出挪了位置。”莫琳·奥唐纳提起姐姐罗西时这样说。

我的家族成员成长史

对许多家庭来说，老大、中间孩子和老小几乎是一种经典的排行方式。就拿我家来说吧，我的父母有三个孩子：

莎莉	——	老大
小约翰（杰克）	——	老二（长子），比莎莉小 3 岁
凯文（小熊，也就是我）	——	家里的老小，比杰克小 5 岁

姐姐莎莉大我 8 岁，在纽约州西部的一个小城市出生，具有老大的典型特征。我们在一个湖畔有自家的别墅，每到暑假我们都会顺道去拜访莎莉。踏进她家大门，你第一眼就能看见干净的地毯通向屋子的每个房间，传达给我们这样一种信息：“除非万不得已，千万别踩这条蓝色的长条地毯。”

以莎莉的洁癖来引出这个故事似乎还不太能说明问题，我怀疑她时不时会拿熨斗熨一下门前的地毯！谁会用那些带拉绳的袋子盛垃圾？莎莉就这么干，她还会弯下腰把拉绳系上。

总之，不管她做什么，都会做到姿势优雅，恰到好处。她从来都充满自信、博学多闻、受人尊重——是不是像在说一个高中啦啦队队长？她就好像按国家荣誉协会成员的模子刻出来的。莎莉后来成了一名幼儿园园长。

莎莉甚至可以把一次家庭露营组织得像班级旅行。莱曼家的所有人都无法忘记那次我们在内华达州一座高山上的露营。经过了一天绝妙的户外旅行，我们都迫不及待地要钻进睡袋里。由于是在海拔 2 400～2 700 米的山上，夜晚寒冷彻骨，大部分人还是决定穿着衣服睡觉。

可莎莉不，她身着一身睡衣，到帐篷外面来跟我们道晚安，迷惑不解地看着我们一哄而散。但是，如果你以前做过家庭教师，现在又当了幼儿园园长，那么在野营时穿着睡衣睡觉也就不足为奇了。如果你做一切事情都干净利落，充满创意和艺术感，为什么不能将优雅也加入野营中呢？

为了准备一个小型宴会，莎莉至少提前两天就开始忙活了。如果宴会规模再大点，她就得准备一个多星期。当然所有东西的色彩都必须协调一致：餐巾的颜色不仅要和参加者衣服的颜色相匹配，还要和宴会厅的装饰相协调。很明显，莎莉是一个完美主义者。

家里的第二个孩子是我的哥哥杰克。他是一个典型的中间出生的孩子，其性格特征，准确地讲就是有点桀骜不驯。在大家的印象里，家里第二个孩子和第一个孩子的性格几乎完全相反。通常情况下，中间孩子充当着协调者和谈判者的角色，力求避免发生冲突。他也许很矛盾，很独立，但对同伴极为忠诚。他可以有很多朋友，却又特立独行。他通常是最先从家庭独立出去的，至少他在家庭圈子之外找到了真正的友谊，因为他在家中常常无所适从。

就杰克来看，他没有成为和莎莉完全相反的人。他为人一丝不苟、认真好学，这些都是老大具有的性格特征。那么，在杰克身上发生了什么？原来他是一个“代老大”的角色，莱曼家出生的第一个男性。这在中间孩子身上经常发生。

杰克拥有的中间孩子的特质就是，更愿意远离家庭，在纽约州中部扎根。莎莉则遵循了典型的老大特征，至今仍生活在离我们的老家只有几公里远的地方。要不是杰克为了完成他在亚利桑那大学的毕业设计，需要在整个图森地区游学，因此从家里独立出去，父母和我还会一直生活在那里。后来我的父母随杰克搬到了图森，我也跟着来到了那里，至今已经在那里生活超过 35 年了。

此外，杰克比我大 5 岁，排行规律显示，如果两个孩子年龄相差了 5～6 年，就可以据此猜测，较小的一个孩子已经开启了一个“新的家庭”，他在很多方面会具有老大的一些特征。要是两个孩子之间隔上 7～10 年，小的那个跟独生子女也就差不多了，因为他或她跟哥哥姐姐们在年龄上相差太多。[3]

但是，这些经验规律受父母以及一系列其他家庭内因素的影响。就拿我来说吧，就算在我身上看不到这些规律，也合情合理。我哥哥杰克的压力就比我大得多，父母对大儿子的期望总是比小儿子高。杰克的教名是小约翰·莱曼。当医生是我父亲一直以来的愿望，只是他小时候家里穷，只读到八年级就辍学了。父亲把自己的梦想寄托在杰克身上，希望他能找份好工作，出人头地。有这么大压力，杰克身上会出现那么多老大的特质也就并不奇怪了。虽然最终没有成为外科医生或麻醉师，但他还是成了一名尽职尽责的拥有私人执照的临床心理医生。

至于我，则一直被当成“小熊”给放过了。倒不是说不受重视，而是任由我自由发展，我成了家里的吉祥物，一有什么好东西总让我先挑。

家里的老小一般心思敏锐，我很早就知道我上面的姐姐和哥哥十分优秀，难以超越，除非我能干出点什么惊天动地的大事业来，否则很难引起注意。从幼儿园到高中，我唯一发出来的那点光芒也就是在棒球队打打棒球。（也就是说，入选棒球队之后，通常我能在上半学年的前六周打打比赛。）杰克是出色的橄榄球四分卫，从来没有跟棒球打过交道。在纽约州西部，橄榄球是高中主要的运动，而玩棒球的人则必须抗冻，因为他们要在时不时就来场暴雪的春天，冒着被冻死的危险在少得可怜的观众面前打比赛。

但小熊是不会受到冷落的，我的顽皮弥补了我在取得成就上的缺憾。我成了一个善于俘获人心，令人着迷，有时有些淘气的小孔雀。8 岁时，我在带领大家为我姐姐所在的高中校队加油的过程中，找到了生命中真正吸引我的东西。据我所知，艺人总是能够吸引别人的注意，我也可以做到，从小学到高中，我总是轻易地就能让同学们注意到我。我变成了介于捣蛋分子和小丑之间的家伙，总是能变着花样地搞怪，让老师头疼不已。

从家谱寻根溯源

我不知道你是在什么样的家庭长大的，但是我猜你总能在莱曼家的孩子身上找到一些自己的影子：好学生、运动员、演员、众人焦点，还有那些很难归类的人。虽然经过了 30 多年的心理学研究和实践，但其中只有一小部分内容我比较肯定。

1. 在孩子的成长过程中，家庭的影响最为深远。当然，他们也在学校学习，参加社团活动和童子军，但据我了解，它们对孩子所产生的影响同家庭相比简直是小巫见大巫。在少年时期，父母和兄弟姐妹在一个人的心理上留下了不可磨灭的印记。这些印记对一个人的基本个性发展以及日后的生活有着极大的影响，即使这个孩子长大成人，离开了家，家庭的影响也会一直持续下去。[4]

2. 同家人的关系是在你生命中最亲密的关系——一个是你从小成长的家庭，

另一个是你通过婚姻建立的自己的家庭。但你成长的家庭对你的性格形成影响更大。想想你结婚多长时间了，然后再想想你认识你的兄弟姐妹多久了。可以这么说，我们中很多人都和自己的兄弟姐妹认识了“一辈子”。不管你高兴还是不高兴，你和你的兄弟姐妹已绑在一块了，甚至比你和你的另一半绑得还结实。当然你和父母也是认识了一辈子。

家庭生活是一种独特的经历，这种在家庭之中建立的亲密关系是在其他地方都无法建立的。[5] 而这些关系的建立在很大程度上与你的排行有关。

3. 父母与子女的关系是动态的，不断地发生变化，同时也是最重要的。每当一个孩子出生，整个家庭环境就发生一次变化。在孩子进入家庭的圈子后，父母怎样与每个孩子交流，在很大程度上决定了孩子的最终命运。

我不知道这最后一句话是不是听起来有点玄奥，或是有点危言耸听。我父亲八年级就辍学了，这让他抱憾终生，因此他非常希望他儿子中至少有一个能当上医生。我不认为他对医生这个职业的钟爱是出于什么救死扶伤的高尚情操，他只知道医生们都受过良好教育，收入很高。接受良好教育成为他传达给自己孩子的一个主要价值观，哪怕是看起来不怎么靠谱的小熊凯文也深受影响。

我还清楚地记得，一次父亲开车载我们出去，他把车停在路边，那边正好有一群人在钻洞，挖沟。他转过身对我们说：“你们以后想干这样的活吗？如果你们不想，那就好好上学。听到了吗？上大学。上了大学，你们就不用辛辛苦苦干这些粗活；上不了大学，你们就得这样干一辈子。”

我父亲的“大学演说”奏效了吗？我们还是让事实来说话吧。大姐莎莉的学业，正如她在生活中的其他方面一样优秀，她一直读到硕士。二哥杰克是一名临床心理学家。令人意想不到的是，小熊凯文竟然也成了心理学家。莎莉和杰克的成就没什么值得大惊小怪的，他们从一开始就很优秀，但小丑凯文又是怎么获得博士学位的呢？有的人说这是“一桩谜案”。我们还是把它归为那种无法解释的奇迹吧，我的高中老师甚至会给它贴上“重大奇迹”的标签。

读了这本书你能收获什么

读了这本书，你会知道该怎样利用你的排行优势来处理你的人际关系和家庭关系，尤其是婚姻关系，它甚至可以在商业世界里帮到你。总之，你会对现在的自己有更多的了解，没有什么比“知己”更重要了。

我感觉，人们对自己在家庭中的位置和作用了解得太少了。老大或者独生子女，中间孩子，以及老小，每个人都有自己独特的发展方向，都会取得独特的成就。

在了解了出生排行的理论之后，人们可以用它来改善同朋友的关系，最重要的是同家人之间的关系。家人通常是最亲密的，可有时也会产生难以避免的矛盾。人们甚至可以从中得到一些线索，知道为什么他们会从事现在的工作，以及如何与老板、同事更好地相处。

只需看一下我经常问的几个问题，就能明白为什么排行的知识可以帮助人们处理各种关系。“两个性格相近的人在婚姻中能否相处得很好呢？”人们思考过后，得出的结论往往是否定的。的确是这样，数据统计以及我多年来的咨询经验显示，相处得最好的夫妻往往性格差异很大，你将从这本书中了解这些差异。

还有一个问题是针对商界人士的：“销售跟这个有没有关系?”你也许会说：“嗯，是的，也许如此吧。”也许有关系?试想一下，人们购买东西的方式是不是不一样?老大在购买一辆新车前肯定会先读一下权威的《消费者报告》，老小则会围着一辆车看来看去，然后问：“你们有没有绿色的车，座椅要真皮的，还要给劲的音响，车轮最好是金色的?”

那么朋友之间，教友之间，俱乐部的会员之间，排行又有什么影响呢?相似的人自然而然地成为朋友，是不是一件很有意思的事?排行相同的人往往容易打成一片。例如，我的妻子桑德、我的姐姐莎莉，还有我好哥们儿“光头”的妻子温迪，排行都是老大。夏天，我们几家在纽约州中部度假，她们总喜欢凑在一起搞一些庭院销售、旧物售卖、手工艺品展览之类的活动。她们非常喜欢购买差不多款式的首饰，而我这个老小则更愿意称为“昂贵的垃圾”。

就像过去几十年我经常辅导别人一样，我也一次又一次地用排行理论帮助他们解决生活中的问题。了解了排行理论以及它是如何起作用的，玛莎最终发现了为什么她的丈夫约翰总是那么挑剔，而约翰也深刻理解了玛莎的“装嫩”行为。说起怎样调解父母和子女之间的关系，父母很困惑为什么 10 岁的比福德总是能那么轻易地忘记自己闯的祸和那些刚刚及格的成绩，而 13 岁的姐姐霍滕丝则一板一眼，不越雷池一步，这些问题都能从排行理论中找到答案。

猜猜别人的排行

我有一个习惯，无论走到哪里都喜欢猜一下别人的排行，不管是见到一个服务员、出租车司机、参加婚礼的客人，还是去全国各地参加子女养育研讨会，都喜欢猜一猜。我没有什么古怪的特异功能，但我的确做过很多这方面的研究，在一般情况下我不会出错。

比如，有一次，在参加研讨会期间，我迅速环顾四周的与会者，觉得有 10 个人可能是老大或者独生子。在这种情况下，我只能单凭外表进行判断。我注意到的这些人，就像是从《魅力》（*Glamour*）杂志的封面或者布鲁克斯兄弟西服（Brooks Brothers）的广告里走出来的。他们很容易受到关注，因为他们的每一根头发都服服帖帖，从头到脚无一处不协调。他们径直走到最前面，坐在右边的位置上，因此我大胆地猜测，我选中的这几个人一定是老大或独生子。我的猜测通常十拿九稳，百发百中也是常有的事。

老大的特征之一就是衣冠楚楚。大量的研究和我 20 多年的实际观察证明了这一点。诚然，老大比中间孩子更容易识别，而后者则是最难以辨认的。

在我对从研讨会现场挑出的观众进行我所说的“排行演示”时，事实进一步证实了我的看法。最近，在凤凰城演讲时，我随便挑了一个观众，问了他几个简单的问题，不到 8 分钟，就轻松判断出他和他妻子的排行。我让他形容自己，他说他是一个孤僻的人，喜欢读书，喜欢现在的生活规律。（你得到什么线索了吗？）然后我让他描述一下他的母亲，他说，她充满慈爱，十分关心他，直觉敏锐，是一个超级好妈妈。

这时我觉得他是个老大，接着我问他，他妻子的排行是不是正好和他相反（这关系到他婚后的生活是否和谐），或者说他找了个性格和他母亲相似的妻子。是的，我把他的母亲归为完美主义者，因为她充满慈爱，总是为他着想。据我推测，他的妻子非常爱他，但眼光很挑剔，在婚姻当中比较强势。于是我又进一步大胆推测，他的妻子保护欲很强，也是一个完美主义者，想接近她没有正确的方法可不行，她很可能喜欢什么事都自己干。

“我猜，你开车时她一定在旁边唠叨个不停。”我冒昧地说。

“比这更糟糕，”他说，“她压根儿不让我开车。”观众们都乐了，但我下面的话让他们捧腹大笑：“哦，我想起你来了！那天我还看见你来着，你坐在后排座上，还系着安全带。”

他的妻子本来坐在观众席的后排，一听这话，把手拢成喇叭状，大声辩解道：“噢，天哪，我这都是跟我妈学的！”这话我绝对相信。在出生排行中，种瓜得瓜，种豆得豆。

排行规律也有例外

怎样辨认出家庭中的老小？识别他们往往比较容易。例如，《今日秀》（*Today Show*）的嘉宾节目主持人凯蒂·库里克采访我时，我对她说，她一定是家里的老小，上头可能还有两个哥哥或两个姐姐。

我多猜了一个哥哥，但凯蒂还是惊讶得合不拢嘴，结结巴巴地说：“天啊……的确是这样……但你是怎么知道的？”

我很快解释说，因为她穿着漂亮，搭配完美，举止活泼，天生有一种亲和力。当她和布赖恩特·冈贝尔合作时，常常会碰一下他，或抓住他的胳膊，迷人的天性显而易见。录像结束后，凯蒂告诉我，她不喜欢别人说她“活泼”，但她不得不承认我的判断很准。我可以肯定现场那些摄像人员对我说的话也非常感兴趣，因为当时他们一直在微笑。

我和他们中的一位闲聊了几分钟，我说："凯蒂一看就是老小，但布赖恩特肯定是老大，要么就是家里的长子。"

"布赖恩特不是老大。"这位我刚认识的朋友对我说。

"他肯定是，"我坚持说，"西装革履，衣着考究，信心十足，武装到了牙齿，跟我见过的老大一模一样。"

"不，他哥哥格雷格才是家里的老大，比他大 3 岁。"

"这不可能。"身为排行"专家"，我对此深表怀疑。

"是真的，我跟你说，这千真万确，"我的新朋友说，"我和他家人认识。"

通过这次交谈，我又见识到一个把我都蒙过去了的人。显然，在冈贝尔家一定出现了类似"角色转换"的情况。布赖恩特承担了作为老大的责任，而他身为广播员的哥哥，肯定没有尽到做老大的职责，退居到"老二"的位置。

"问你个问题，"我又提到一点，"他们的父母是不是把他们管得很严？"

"不是一般的严。"他马上就说，很是惊讶。这的确是排行规律的一个例外。有时受到外部环境因素的影响，天生的排行会被打乱，结果造成后出生的孩子反倒像是家里的老大，或者本来的老大看起来没个老大样。

对某些读者而言，我在布赖恩特那里的失误可能会让他们觉得很有趣，甚至颇有娱乐效果，但另一些人也许会对此甚为不解。你可能是一个一丝不苟、谨慎保守的长子或独子，但我不得不承认，对排行的一些描述并不是适合每一个人。读到这里你也许心存疑惑，你可能更希望看到有人当着我的面说：“等一下，莱曼。我曾经听过一次关于排行的讲座（或者看过这方面的书），我觉得那些描写跟我的家人一点都不符。另外，我是老小，可在我们家我是顶梁柱，不光如此，我们家也就我还看看书、读读报吧，其他人整天就知道看电视，这该怎么解释？”

我可以给出一大堆的理由。你看，有时最后出生的孩子却担当起了家里老大的角色，出现这种偏差是因为排行也会受到一些变量的影响。

02

影响排行的变量（一）：
年龄差距、性别、生理差异、多胞胎、死亡和收养

所谓不吻合，是指经典的排行模式不符合某些人的实际情况。但众多偏离这个模式的个例使它妙趣横生，并丰富了它的信息库。要了解这些，我们首先要认识一个心理学术语“家庭群体”，我更愿意称为家庭动物园。在我多年从事心理咨询的过程中，总有一些妈妈一脸绝望地来找我，控诉家里的那三四个无法无天的“磨人精”。我一提起家庭动物园，这些妈妈就立刻知道我要说什么了。

生在同一个家庭，拥有同一对父母，为什么几个孩子的差别会那么大呢？也许排行理论可以帮你找到这个问题的答案。这里你需要了解另一个心理学术语“变量”，它对所有家庭群体都有重要影响。变量是所有咨询师在心理学中必须学到的一个术语。跳出专业范围，它单纯地指研究个人、家庭或群体时，能够察觉到的不同因素。我在排行上用到的变量通常是指影响每个人的不同因素或力量，不管他或她排行第几。

许多不同的因素结合在一起就可以称作一个变量，根据我 30 多年来的专业经验，影响排行的变量主要是以下几点：

- 年龄差距——两个孩子出生间隔的时间
- 性别以及男孩和女孩出生的顺序
- 心理或情感差异，当然，基因也很重要
- 是否有兄弟姐妹死亡——如果小孩不幸死亡，那么他底下的弟弟妹妹的排行就得往前提一个
- 收养——可能有影响，也可能没影响，这就得看收养的时候小孩多大了
- 父母的排行——老大们当起父母来跟其他排行的人不大一样
- 父母的价值观——父母通过教养子女将他们的价值观传递给子女
- 严苛的父母——不断地批评孩子是要付出代价的
- 再婚家庭——再婚家庭通常会延续原来家庭的排行顺序

本书在某些人看来是前后矛盾的，他们觉得这只是简单基于出生次序的体系。老大都应该是这样的，老二都是那样的，老三又是另外一种样子。但是，正如我们所见，一些儿童的表现跟他们的排行大相径庭。甚至即使孩子们看起来很符合对他们排行的描述（老大、老二等），他们也表现出许多其他排行的特征，这就是由变量引起的。

虽然所有的排行都会有特定的倾向和大体的特征，但最关键的是，家庭成员之间的关系是动态发展的。这个排行的孩子看起来像是另一个排行的，这就是变量所导致的转变。

年龄差距可以产生一个以上的“家庭”

相邻两个孩子之间的年龄差距是一个显而易见并且至关紧要的排行变量。考

虑到年龄差距时，你应该顺便注意一下，每次第二个孩子一出世，家里都会出现一种“废黜长子”的现象。前一分钟老大还是家里所有人的掌上明珠，突然又蹦出来另一颗“明珠”与之争辉。老大不再是家里独一无二的孩子，如果父母不能让他明白他们仍然非常爱他，那么他的自尊心可能会严重受伤。

许多父母都想两年之后再要下一个孩子（其实 3 年是最“理想”的），但这些完美的计划常常出差错。在咨询过程中，我经常发现一些家庭两个孩子之间的年龄差距都能创造“第二家庭”了。让我们来看看下面的例子，你就清楚第二家庭是如何产生的了。

A 家庭

男孩 —— 14 岁

女孩 —— 13 岁

男孩 —— 7 岁

女孩 —— 5 岁

这一家的排行中有着明显的断层，老二和老三中间隔着 6 年，老三的性格极有可能更像一个老大。当然这并不意味着他性格中没有中间孩子的特征（家里如果有四个孩子，老二、老三都属于中间孩子）。他仍然可以成为善于协调的人，还可以有很多朋友。他也可能会像个认真、严格的“大人”，毕竟他难免会受到家人行为举止的影响。家里面不但爸爸妈妈是成年人，哥哥姐姐也比他大得多（强得多），这些正是他性格中老大特质的来源。

再举一个例子：我们把上面例子中的老三和老四（7 岁的男孩和 5 岁的女孩）拿掉，换上一个 3 岁的男孩，如下所示：

B 家庭

男孩 —— 14 岁

女孩 —— 13 岁

男孩 —— 3 岁

以上属于哪种情况呢？假如家里的老小和上一个孩子相差 7 岁以上，这个孩子就极有可能成为我们所说的“变相独生子”。假若父母以及哥哥姐姐非常宠爱这个孩子，这个 3 岁的老小就会成为家里的“宝贝”，他也会把自己当小孩看。相反，如果在家中不能享受“宝贝”的待遇，那么他可能就表现得像个独生子，这是因为他只有加倍努力才能赶上家中能干的哥哥和姐姐。

一个真实的例子：莱曼家庭

上面关于年龄差距的例子都是假定的，但是接下来的例子却是真实的。我非常了解这个家庭，因为这个例子中孩子的父母就是我和我的妻子桑德。我们“最初的家”包括霍莉，接着一年半之后克丽丝又加入了，又过 4 年之后，我们迎来了小凯文。

我们前三个孩子符合典型的排行模式。霍莉一开始就是做事小心翼翼，处处追求完美，勤勤恳恳，训练有素，智商很高。她做事很有原则，要求分毫不差。

假设她想知道我们什么时候走，那么我就不能说“12：00 左右吧”。我必须准确地说出时间：“我们要在上午 11:55 准时出发。”

如此看来，法制类真人秀《人民法庭》（*The People's Court*）是霍莉最喜爱的电视节目也就不足为奇了。现在她已是一名教师，对课堂秩序要求严格，并且要求学生必须做课前预习。大学毕业后，霍莉回到图森的一所公立学校教高中英语和新思维写作。在她工作的第一年，如果我们偶然遇见她班上孩子的父母，他们准会告诉我们两件事。首先他们对霍莉的教学基本上是肯定的，但是接下来话题一转便是“学生留堂”的事。那时我会接过话题反问：“是不是你们家孩子有时候课前没有做预习啊？”然后家长们一般都会说：“对啊，但是他们一直在努力地学啊！”

我们的第二个孩子克丽丝最后也回到了图森当老师，在一所教会学校里教二年级。她的理想是做一名法律顾问，不过她在教学上的成绩也很突出。工作一年之后，校长告诉她，她是 25 年来唯一一个让他觉得无可指摘的教师。

那么，克丽丝也跟她姐姐一样，是那种十分努力，做事讲求原则，非常守时的人吗？事实上，并非如此，可是克丽丝却把她的班管理得井井有条。原因在于她跟孩子很亲近，她知道如何去协商调解，知道如何到家庭之外去找朋友。这是她作为老二的典型特征。

然而值得注意的是，在老小凯文出生前，有 4 年时间我们一直拿克丽丝当老小对待。所以在她的生活方式（她看待自己和世界的方式）形成的早期，她一直是家里的焦点。或许这可以解释为何她总也甩不掉“小克丽丝”这个名字。我总是建议她，至少在退休前应该把自己的名字改为正式的“克丽丝”或是教名“克里斯汀”。

凯文，我们的第三个孩子，性格却像是最初的莱曼家庭的一员。他是一个典型的老小——贪玩，具有很强的幽默感和丰富的创造力。我更愿意相信他会成为下一个加里·拉森（著名漫画家）。

凯文具有老小的特征，但作为家里的第一个男孩，他同时具有当老大的潜质，我会在接下来的故事里说到这一点。他在艺术学校里很有人缘。有一次，他的一个把生活搞得一团糟的女同学问他："凯文，我能问你一个问题吗？你为什么总能那么开心？"

"你真的想知道？"凯文问她。

"当然，我很想知道！"

"好吧。那是因为我有一个十分和睦的家庭。"

听到凯文告诉我这件事，我很开心。他接下来的话更让我记忆犹新："爸爸，她喜欢偷东西。有次我们一起去迪士尼世界玩。当我们从一个礼品店出来后，她脸上又有了那种得手了的表情，我就知道她又偷东西了。我让她停下，说：'把它交出来。'她从包里拿出东西交给我，我监督着她回到商店，让她把东西还了回去。"

凯文有着强烈的责任感，这样的孩子真令人欣慰！他可比他老爸二十几岁的时候强多了！

我们的“第二家庭”

本书第 1 版出版的时候，我们的孩子还都很小：霍莉 12 岁、克丽丝 10 岁、凯文才 6 岁。

桑德和我都觉得我们的家已经很完整了，谁也没有想到我们会出现“第二家庭”。1987 年，凯文 9 岁多了，而我们也都四十出头了，我们的第 4 个孩子汉娜意外到来。

这样一来，凯文和汉娜之间有了很大的年龄差距，一个 9 岁，另一个才不到 1 岁，毫无疑问，汉娜开启了莱曼家的第二轮排行。如今她已经 11 岁了，在艺术方面很有天分，也很有当运动员的潜质，对这两方面乐此不疲。要说她是老大，绝对符合标准。例如，在她 2 岁的时候就已经开始设法向父母表达她的意思了，当然是用那种温和的方式。要是她想睡一会儿，她就会走过来，拉拉我们的手说：“累了。”

但我们的“第二家庭”并未就此止步。如果说，汉娜的出生确确实实是一场意外，那么 5 年半之后劳伦公主的诞生只能用“横空出世”来形容了。踩在 40 多岁的尾巴上，得知我们有了第五个孩子，着实让我和妻子两个同命冤家大吃了一惊。把汉娜送进了幼儿园，桑德终于有了一些自己的时间，看到了一丝曙光。

怀孕把桑德折腾坏了，但是当劳伦出世后，我们对她像对待她的哥哥姐姐一样呵护备至。现在劳伦已经 6 岁了，她在家里是真正的老小。现在，我们家的情况是这样的：

莱曼家庭（截至 1998 年年底）

霍莉 —— 26 岁，典型的老大，英语老师
克丽丝 —— 24 岁，典型的中间孩子，希望成为一名法律顾问
凯文 —— 20 岁，典型的老小，未来的艺术家

汉娜 —— 11 岁，变相独生女，有许多老小的特征
劳伦 —— 6 岁，排行老小，做派像老大，十分仔细，严谨

汉娜在出生后的头 5 年享受的是小公主和独生女的待遇。因为哥哥姐姐们都比她大得多，又对她非常溺爱，就好像她又多了几个“父母”，至少家里就有 5 个能力很强的人可供她学习和模仿。接着劳伦的出生取代了她老小的位子。因为她和汉娜之间也相差比较大（5 年之久），劳伦虽然是家里最小的女儿，但在某些地方表现得很像老大。平常我们喜欢开玩笑说，汉娜有 5 个爸爸妈妈，劳伦比她还多一个！

劳伦身上的确展现出某些老大的特征。在 2 岁半的时候，劳伦就拿着她的小录音机，放在地板上，把磁带按着她的喜好，一盘一盘地排成一行。这种景象在我这种上厕所都不排队的老小看来，十分奇怪。

但劳伦的行为远不止于此。一次，我们一家人聚在厨房里，谈论着我们最近总是杂乱无章的日程。桑德因为跟医生有约，不得不让克丽丝去接汉娜放学；霍莉为了准备参加一场教师会议，最近回家很晚；我的情况跟她差不多。能这么早和家人一起吃晚饭，我们都感到很难得。在我们大家谈话的时候，5 岁的劳伦突

然插话：“我的，还有我的情况也很复杂。”一时间鸦雀无声，大家都看着她。

我不知道劳伦从什么地方学到了“复杂”这个词，但显然她知道这个词是什么意思。我想我看起来像个骄傲的爸爸，不过我很怀疑5岁的孩子是不是有这样的观察力，尤其她还是家里的老小。但这正是年龄差距变量在劳伦身上的体现，只要老小们跟上一个孩子中间相隔的时间足够长，他们的性格就很可能更像老大，不要低估父母和上头的哥哥姐姐的影响力。诚然，老小们不是真正的老大，但他们可能会有跟老大一样的压力。

年龄差距把老小变成老大

下面我会举一下西南航空公司的总裁兼CEO赫布·凯莱赫（Herb Kelleher）的例子，你会看到年龄的差距是怎样把老小变成老大的。一天，我在本地报纸的商业专栏里读到一篇文章，讲的是凯莱赫和他的团队已经把西南航空经营成了一家非常成功的企业，我非常感兴趣。他说他成功的秘诀之一就是：“我们打造个性化的市场定位，我们的终极目标是消遣、惊喜和娱乐。”[1]

我在这句话旁边写了句话：“赫布肯定是个老小。”后来，我电话采访他时，他告诉我，他是家里最小的（他家有四个孩子），但是他和第三个哥哥之间差了9岁，跟另外两个哥哥分别差了13岁和14岁。上面有那么多优秀的人教育他，供他模仿，老小赫布·凯莱赫能够成为杰出的航空公司总裁，取得事业成功也就没什么神秘的了。

这就是为什么凯莱赫具有混合特质。作为CEO，他表现出很多老大的优点。同时，他追求个人享受，这又是老小的一面。你也许看过西南航空的电视广告，在里面凯莱赫扮演了一个监督员，对那些粗心大意的行李搬运工做出处罚，因为他们没有照顾好旅客的行李。他不会强迫自己的员工去取悦顾客，而是希望他们乐意主动这么做。

凯莱赫说："我只是告诉他们，如果这样做能让他们感觉很自在，那自然最好！如果他们觉得不自在，就不用勉强。事实上，后来很多事情都是他们自发去做的。"[2]

每个孩子的性别可能会造成不同的压力

同年龄差距变量几乎同样重要的另一个变量是性别变量。我们可以看到，后出生的孩子有可能成为家里的长女或长子。我之前提到过，很多美国总统在家都是"代"老大，因为他们是家里的第一个男孩。我一直以来很感兴趣的一点是，排行在政治领袖身上产生影响的概率是多少。

我曾经在图森某旅游胜地给一个年轻的总统团队做演讲，当时的亚利桑那州州长菲夫·赛明顿（Fife Symington）也出席了。当我说到排行如何影响我们生活时，我让老大、中间孩子、老小分别举一下手，州长举手表示他是一个老小。

我直视着州长的眼睛说："赛明顿州长，这样说可能很冒昧，但您不是家里的老小。"

他看着我，好像在说："什么？我还能不清楚我自己的排行——我就是个老小。"

“我知道您不相信我，”我说，“您能介绍一下您家里的情况吗？”

“好吧，”州长回答道，“我有三个姐姐……”

“您是唯一的儿子吗？”我打断他说。

“对，是这样。”

“这就对了！我无须多说了。州长，您确实是老大，我指的是赛明顿家的第一个男孩。”

虽然他很像一个老大，但赛明顿在做州长期间十分高调，这也是老小们的特征之一。[3]

为了进一步表明性别变量是怎样影响排行的，我们来看看要是把赛明顿家孩子的性别变一下，也就是变为三个哥哥和一个妹妹，结果会怎么样呢？

C 家庭

男孩 —— 16 岁

男孩 —— 14 岁

男孩 —— 12 岁

女孩 —— 11 岁

最后出生的女孩在家里肯定地位特殊。这样的一种排行组合对哪个孩子最不利呢？作为老三，12 岁的男孩看起来处境堪忧。当他的妹妹出生时，母亲已经进过三次产房，每次抱出来的都是男孩。母亲和父亲希望能生个女儿，而这个女儿降生时只比她的小哥哥小了一岁多。即便她还只是一个襁褓中的婴儿，这个男孩还是要地位不保！

谁在家里比较占优势？老大一般在学校里表现突出，他受重视的可能性比较大。当然，他也许会受到来自二弟的挑战，因为不管什么时候，如果头两个孩子都是男孩或女孩，注定会有很多摩擦。如果大哥在学业方面很出色，那么二弟就很可能擅长运动，或者喜欢搞音乐（也许他会组织自己的摇滚乐队），把运动员的位子让给老三。如果老三可以把自己的热情挥洒在运动场上，他无疑是幸运的，因为这将有助于他摆脱“横刀夺爱”的小妹带来的阴影。

C 家庭只是一个例子，说明孩子们的性别对家庭造成的影响。规律如下：**如果一个孩子因为自己的性别而获得“特别优待”，跟他或她年龄相近的孩子势必要为此付出代价。**

身高也影响排行

另一个变量的存在可能会使排行发生颠覆性的变化。长相、个头以及能力上的差异，或多或少会引起一些排行偏差。小切斯特今年 10 岁，排行老大，但他的名字前仍被冠以“小”（little）字，因为绰号“巨人”（Burly）的弟弟虽然比他小 1 岁，却足足比他高了 10 厘米，重了 11 公斤。这一家只有两个孩子，都是男孩，正所谓“同性相斥”，切斯特如果不是特别机灵，他的日子就不好过了。

因为他那在体形上占尽优势的弟弟很可能会在不知不觉中取代他的位置，夺走老大的一切特权，切斯特只能默默屈居老二之位。角色逆转是指两个孩子发生了180度的大转变。

再给大家举一个更容易理解的例子。一家有两个女儿，一个女儿美若天仙，另一个女儿姿色平庸。如果姿色平庸的那个是老大，她那美丽的小妹妹就有可能把她比下去，导致她永无出头之日。如果老大美若天仙，平凡的老小最好准备一些秘密武器，比如在体育或学业方面出类拔萃，否则她就只能活在漫长而沉闷的“平凡小妹”的世界里。

在“巨人”弟弟和漂亮妹妹两个例子中，由于外表上的差异，妹妹像一个十足的老大，弟弟也是。此外，如果兄弟姐妹中有人严重残疾或患有重大疾病，也可以使家庭中的角色迅速发生转换。比如，我们假设有一个家庭，老大患有大脑性瘫痪。

D家庭

女孩 —— 14岁，患有大脑性瘫痪

女孩 —— 12岁

男孩 —— 10岁

这是角色转换的另外一种情况。如果不幸发生在第一个孩子身上，那么几乎毫无疑问，她的二妹会取代家里老大的位置，因为她的姐姐身体残疾。

其他的原因也可以引起角色的逆转，比如前面提到的冈贝尔兄弟。在他们的案例中，长子格雷格年轻有为，性格开朗，在电视广播方面担当重任。但是小他3岁的弟弟布赖恩特在电视上名气更大，抢了哥哥的风头。这种情况的产生，不是由于残疾或疾病等原因，而是严苛的父母给格雷格施加了太大的压力所致，再加上他的弟弟表现出色，很快崭露头角，格雷格便逐渐隐没在弟弟的阴影之中。

在我们结束对D家庭的分析前，再看一下最小的男孩会受到怎样的影响。当然，他是家里的第一个男孩，又有一个身患脑瘫的姐姐，很可能空有“老小”之名而无老小的待遇。这个最小的男孩可能会有一点老小的性格，但看起来更像个老大。

心理咨询师们发现，最近几年患有注意缺陷多动障碍（ADHD，俗称多动症）的儿童增加了很多。很多人都只知道注意缺陷障碍（ADD），但在1987年医学界又把过分活跃（H）和注意缺陷障碍结合起来形成了这一新的术语。

不管它叫什么，多动症都是一个可能会严重影响排行的因素。例如，假设家里的大儿子患有多动症而二女儿看起来完全“正常”，面对这种情况，家长们很快就会把大儿子看成家里只会惹是生非的害群之马，二女儿则众望所归地取老大的位置而代之。

多胞胎影响排行的准确性

多胞胎是影响排行的另一个重要变量。近几年多胞胎的出生率上升了，当然，这么多年来我们看到的多胞胎还是以双胞胎居多。双胞胎总是很特别，他们通常都知道谁是“第一个出生的”。

不管这对双胞胎在家里的排行如何，他们自己还会分出个老大、老二来，通常他们既是竞争对手又是合作伙伴。老大往往是带头的，老二就是小跟班。凡事总有例外。有些双胞胎之间竞争很激烈，特别是两个人性别相同的时候。[4]这种情况下通常也会发生角色的转换。

从整个家庭来看，多胞胎总能受到较多的关注，比他们早一些或晚一些出生的都比较不幸。让我们来看看后出生的多胞胎会对家庭产生怎样的冲击（这种情况经常发生，因为女人在 40 多岁的时候生多胞胎的概率较大）。[5]

E 家庭

女孩 —— 12 岁
男孩 —— 10 岁
双胞胎男孩 —— 7 岁
女孩 —— 3 岁

这对双胞胎上面既有姐姐，也有哥哥。两个比较大的孩子面对这对引人注目的双胞胎可能还有处理对策，最底下的小妹妹可就岌岌可危了，哪怕她是家里的老小。不过还好，她是个女孩，要再是个男孩就真的永无翻身之日了。上面有这么一对 7 岁的“金童组合”，他想要争宠夺爱简直难上加难。只有父母意识到这个问题，他才不至于彻底被忽视。

底下有多胞胎弟弟妹妹出生时，老大的优势地位也会受到威胁。1997 年 11 月，艾奥瓦州的卡莱尔市，波比和肯尼·麦考夫妇生了七胞胎，他们的例子将生动地展示这一现象。新闻报道显示，七胞胎中有四个女孩和三个男孩，他们的姐姐米卡拉在他们出生时只有 21 个月大，根本不明白家里为什么会一下子要多出七口人。小米卡拉很快就能听到她底下的弟弟妹妹们一天到晚号哭不停，宣示他们也是麦考家的一分子。

麦考家的七胞胎出生不久，我在《父母驿站》（*Parent Talk*）的一期节目中有机会和他们的外公外婆进行交流。在节目的后半部分，我们讨论到这群七胞胎一定会夺走他们的大姐在家里的地位。我建议，波比和肯尼把庞大的“七人团”从医院带回家后，最好经常给米卡拉打打“预防针”：“你是家里的老大，你每天只睡一觉，但是这些小婴儿一天要睡好几觉。”最好父母有一方抓起她的两只小手，伸开十个指头，告诉她，她的小弟弟、小妹妹们每个人一天要睡十觉，合起来就是七十多次！

另一个建议就直接多了，就是告诉米卡拉，因为她是大女儿，她要帮妈妈照顾小婴儿，做些递尿布，拿奶粉等力所能及的事。我不得不说，我很为麦考家七胞胎的“大姐姐”感到担心。

在七胞胎都还待在子宫里时，小肯尼思是最靠近产道口的一个，担负着“稳住所有兄弟姐妹”的责任，因为这些婴儿在子宫内形成一个倒三角，她是这个倒三角的基础。医生给肯尼思起了个绰号叫“大力士”，这不仅因为她在子宫中承担艰巨的工作，还因为她一出生就 3 斤，是七个兄弟姐妹中个头最大的，也是第一个出生的。由于小肯尼思天生的优势，你可以想想大家会对她寄予怎样的期望。

另外两个潜在的变量：死亡和收养

这里会举两个例子以显示死亡会对排行造成怎样深刻的影响。首先，假设一个家庭有两个儿子和一个女儿。大儿子在 4 岁时死于脑膜炎，留下 2 岁的弟弟和 6 个月大的妹妹。2 岁的儿子顺理成章地顶替长子的位置长大，而他的妹妹，虽然还是家里的老小，但长大后更像一个大女儿。

第二个例子：假设这家的大儿子在 12 岁的时候在一场车祸中去世了。他 10 岁的弟弟一下子变成了老大，长子的任务和责任就落到了他身上。但是他真的就能当这个老大吗？答案当然是否定的，他从出生长到 10 岁一直都是老二，已经习惯了上头有个老大顶着。现在却不得不承受很多强加于自己的压力。

在此之前，还有个大哥来顶大梁，现在却不得不亲自“上阵”。本来大哥的突然去世就已经够他伤心的了，回头一看家人所有的期望似乎都落在了自己身上。他成了家里的“顶梁柱”，注定要过着和大哥一样的生活。

在现实中有一个与此类似的经典例子。第二次世界大战期间，小约瑟夫 · 肯尼迪在驾驶战斗机作战时牺牲了。他的弟弟、19 岁的约翰不得不成了家里的“顶梁柱”。自此，约翰 · 肯尼迪终其一生都生活在父亲曾寄予厚望的哥哥小约瑟夫的阴影里，哪怕后来他入主了白宫。

有时在研讨会上我会问一个问题：收养是怎样影响排行秩序的？答案基本上是：如果收养的孩子刚出生不久，他不会受到原来排行的影响。然而，现在人们收养的孩子年纪都稍微大一点，都是三四岁、五六岁，也许更大。收养孩子的父母要知道，4 岁的孩子已经有了原来家庭的排行留下的印记。他在新的家庭里可能是最大的，或者是最小的，但这并不意味着他会变成老大或者老小。

此外，养父母，特别是本来就有亲生孩子的养父母，还需要留意另外一点，即不自觉地偏向自己的亲生孩子是一种危险行为。我也建议家长们不要收养一个年纪比自己的亲生孩子大的孩子，这个收养的“外来人”可能会对跟他年龄最近的孩子造成不良影响。举个例子，假设一对夫妇有一个 3 岁的亲生孩子，由于种种原因不能再生育了，因此收养了一个 5 岁的孩子。此时，他们 3 岁的孩子不再享有独生子女的特权，还要跟一个比他大、比他聪明的人竞争。碰到这种情况一定要记住这条原则：一般来说，在家里比我们稍大一点的人对我们的影响最大。如果收养的孩子年龄较大，那么他下面年龄跟他最接近的孩子势必跟他产生冲突。

正如本章的主旨所述，各个排行的子女的典型特点是可以改变的，受到某些变量的影响甚至会完全转换，而这些父母通常无法控制。

03

影响排行的变量（二）：父母的排行、严苛的父母、父母的价值观、再婚家庭

在改变排行规律的过程中，父母扮演了怎样的角色？到目前为止，我们所讨论的排行的变量都是跟孩子有关的因素——年龄差距、性别、身体或心理的差异、多胞胎、死亡和收养。父母也是变量的一个主要因素。在这一章中我们会详细探讨一下父母的排行、严苛的父母、父母的价值观以及再婚家庭这几个因素。这些因素都是影响每一个孩子的有力变量，对老大或独生子女来说更是这样。

父母的排行

爸爸或妈妈的排行又是怎样影响孩子的呢？最明显的影响之一恐怕是，爸爸和妈妈总愿意把排行跟自己一样的孩子划入自己这一方，他们不是给这些孩子很大压力就是溺爱偏袒他们。

给你讲讲下面的故事吧。20 世纪 70 年代，我在亚利桑那大学当客座教授，那时候带过儿童心理学专业的一个毕业班。一天上午，我领着班里 200 个学生做了一个“家庭群体演示”，这些学生大部分都是在职教师或辅导员。我请了一个母亲、一个父亲和三个孩子，在学生们面前和他们一家进行了一次有趣的谈话。

当那家人走后，我问了一些问题。虽然大部分来上课的人都是新手，却都是从事这方面的专业人士，我很期待他们会有不同的意见，但他们大多数会说：“你好像对那个最小的孩子，4 岁的小女孩格外关注，问了她很多问题。”

我立即回答：“是啊，她很可爱，不是吗？”接着我马上想到，我当然会觉得她可爱！谁让我也是家里的老小呢！不管是上学期间还是毕业之后，我一直都把“哗众取宠”当成自己的特点。

再看看我家头三个孩子，在他们成长的过程中，让我觉得最滑稽搞笑的自然是小儿子小凯文。在霍莉 13 岁、克丽丝 11 岁的时候，她们经常跑来向我告状，抱怨凯文如何如何烦人，我会说：“女儿啊，要知道凯文是家里的老小，小弟弟都是这么跟姐姐们相处的。”我在凯文身上能看到自己的影子，总是不自觉地偏向他。

有个严苛的父母日子真难熬

就说我吧，家人从来都因为我是老小，而不怎么管束我。小时候，我仗着自己是老小，缠着哥哥姐姐跟我玩。但我必须澄清一点，不是所有的家庭都会纵容孩子，特别是，如果爸爸妈妈两个人都是老大，对孩子的态度可能会比较强硬，我敢保证他们会是我所说的“严苛的父母”。他们不但不会纵容第一个孩子，相反可能会对他或她十分严厉，因为他们对人对事一向有着严格的标准，就算当父母也不例外。让我们接着来看下面的例子，你就明白我是什么意思了。

F 家庭

丈夫 —— 排行老大，完美主义者，牙医

妻子 —— 排行老大，家长会会长，有强大的号召力

女孩 —— 16 岁

女孩 —— 14 岁

女孩 —— 12 岁

谁在这个家里最受宠？显然不可能是老大，原因至少有两点：第一，她出生时，她的爸妈也是初为人父母，没有什么经验；第二，她的一举一动都会被两个挑剔的完美主义者尽收眼底。

最受宠的可能是二女儿，因为她的大姐在一定程度上已经为她挡住了一部分“刀光剑影”，两个完美主义爸妈的能量已经在老大身上消耗了一部分，没有最初那么强大了。但是，第三个女孩，家里的老小又该怎么解释呢？她能发挥她的魅力迷住周围的人吗？这事可不好说，家长通常会比较偏爱和自己一个排行的孩子。不过身为牙医的“老大”丈夫和身为家长会会长的“老大”妻子很可能不会偏爱那些早熟或世故的孩子。

一个家庭会变成什么样，很大程度上取决于父母的个人魅力以及他们的教育方式。那么现在你很清楚我希望你怎样做了吧？如果父母是家里的独裁者，他们可能对老大要求过于严厉甚至不合情理，这样做往往会导致意想不到的负面效果，老大不仅不会成为学校里的佼佼者，反而会变成反叛者，打乱他们成为“完美父母”的计划。

几乎每周都有家长打电话到我们的节目组来，向我们抱怨他们家的老大在学校里的表现糟糕透了。我发现之所以会出现这些问题，通常都是父母的教育方式出现了问题。我将在后面章节中讨论有关专制教育方式的问题，顺便看一下寓教于乐的宽容型父母与习惯用现实法则和公平合理方式教育子女的权威型父母的区别，然后寻找一个折中之道。

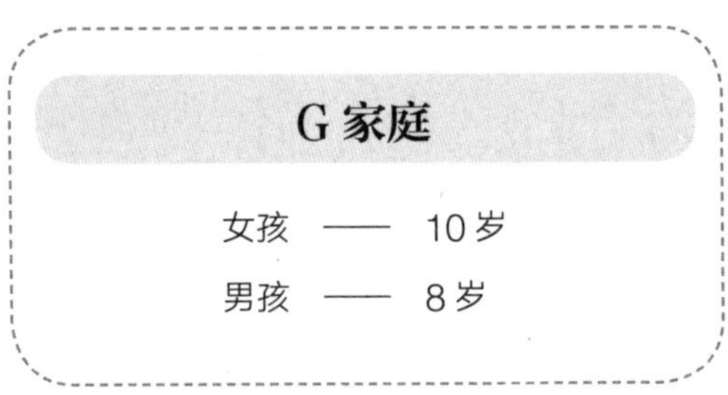

G 家庭向我们展示了教育方式会对子女产生怎样的影响。

关键是看一下爸爸对待 10 岁女儿的方式和妈妈对待 8 岁儿子的方式是怎样的。还有一点所有家庭都应该注意，就是交叉性别的亲子关系，也就是妈妈与儿子、爸爸与女儿的关系。如果妈妈太过关注 10 岁的女儿而忽视了 8 岁的儿子，毫无疑问男孩和他姐姐会有很大反差。很可能他会取代姐姐的老大之位，变得比较好斗，随时准备保护自己的地盘。

但如果妈妈更加重视小儿子，他的性格就更像个老小，爱玩爱闹，富有爱心，也许还会更体贴女性。如果母子关系呈良性发展，这说明妈妈是一个和蔼可亲、温柔善良的人，而且从不对儿子说什么无聊的废话，那么男孩长大后就会尊重、感激女性，能够和女性和谐相处。几乎可以肯定，他能够建立一个美满的家庭。

但假设父亲眼光十分挑剔，对孩子的要求极为严格和苛刻，他的大女儿极有可能扛不住压力，从此“一蹶不振”，小儿子则临危受命，成为真正的老大。如果父亲吹毛求疵、过于严格，大女儿常常会在重压之下，勉强自己做到最好，不能良性发展。当她长大结婚后，她的丈夫就要为此埋单。

父母的价值观对排行的影响

另一个对排行影响最为深刻的变量就是父母的价值观，它几乎凌驾于其他任何因素之上。福特和克莱斯勒声名显赫的李·艾柯卡（Lee Iacocca）就是一个很好的例子。艾柯卡是家里的老二，有一个长他 2 岁的姐姐戴尔玛。要想更好地了解他，你首先要了解他父母的价值观。艾柯卡的父母是意大利移民，他们非常爱自己的孩子，始终向儿女灌输“尽你最大的努力”这一信念。

艾柯卡是家里的老小，同时也是长子，肩负着家中所有人的希望，特别是来自父亲的期望，这些期望激励着他不断前行。例如，高中毕业时，艾柯卡在 900 多名毕业生中排名第 12，听听他父亲是怎么说的：“为什么你没获得第一？”艾柯卡在他的回忆录里说：“倘若只听他那么说，你还以为我没有及格呢！”[1]

听了这个小故事，你也许会担心父亲过高的期望会把他儿子逼疯，但幸运的是，艾柯卡和父亲关系很亲密。艾柯卡回忆道：

> 我喜欢让他高兴，他总是为我的成就感到无比自豪。如果我赢得了学校拼写比赛的冠军，他就能得意上好一阵。后来，我每次一升职就马上打电话告诉他，他总是先跑出去跟他所有的朋友炫耀一番……1970年，我被任命为福特汽车公司的总裁，我不知道我俩谁更高兴一些。[2]

之后，艾柯卡又被福特解雇了，不过他很快计划着东山再起。多亏了他的父母，特别是他的父亲给他灌输的价值观，让他有着令人难以置信的适应能力和钢铁般的意志。艾柯卡有着担任 CEO 的素质和能力，积极进取，决断果敢，为人坦率，富有爱心，灵活善变，有幽默感，总是一语中的。身为宾夕法尼亚州艾伦镇一个温馨的意大利移民家里的长子，家庭对他这些优点的养成起了重要作用。

在你成长的过程中，家庭对你的影响深远，即使很多年后你认为自己已经摆脱了“成长的印记”，它还是会时不时地跳出来“提醒”你一下。

让我们再来看看名帅卢特·奥尔森（Lute Olson）的例子。卢特是史上能力最强，也是最为成功的大学篮球教练之一，1997 年他带领亚利桑那大学野猫队获得了美国大学生篮球联赛的冠军。

1984 年卢特一来到亚利桑那大学，他那整洁的衣着和一头永远不会过时的美丽白色卷发立刻给我留下很深的印象。（事实上，球迷也许还记得 1997 年卢特带领球队赢得美国大学生篮球联赛冠军那一时刻，他的队员们在电视上当着全国观众的面把他那一头白发弄得乱七八糟！据我所知，这是第一次有人看见他头发乱糟糟的样子，包括他的妻子。）

看到这种情形，很多人会猜测卢特一定排行老大，还是个完美主义者。不过，虽然卢特可能看起来像是老大或独生子，可实际上他是家里的老小，上头有三个哥哥。

由于我是一个狂热的野猫队球迷，甚至还有幸给他们当过心理顾问，因此我不仅认识卢特，还了解到他为什么和我们这群老小一点都不一样。原来，他远在斯堪的纳维亚的父母就有着把所有东西都整理好的习惯，他这种自律的生活方式就源自他们。卢特在一个农场长大，在那里如果你干不好活说什么也白搭。正如卢特回忆时所说："每个人都要尽自己最大的努力。"[3]

再婚家庭对排行的影响

当爸爸妈妈变成了继父继母会怎么样呢？或者可以换个问法，由于离婚或丧偶父母再婚，重组的家庭中会发生什么变化呢？可能发生的变化多如牛毛！再婚家庭这个变量可以把排行（和家庭）弄得乱七八糟。这些年来我经常对打算再婚的人说："爱情很少可以再来一次。"这并不是愤世嫉俗。身为咨询师我不能主观臆断，但是我可以拿事实来说话，对再婚家庭的调查数据将是压倒性的证据。

20 世纪 90 年代，美国的离婚率徘徊在 50% 左右，那些名存实亡、正准备离婚的家庭也计算在内。但是，把一个离了婚的妈妈和离了婚的爸爸以及双方的孩子放在一个家庭里，离婚的可能性岂不是更大？60% 的第二次婚姻都以失败告终。

每天有 1 300 对再婚夫妻离婚——这仅仅是美国的统计数字。根据美国再婚家庭协会的数据，现在结婚的人有 40% 都是再婚。如果再婚率以这个水平维持下去，那么全美 35% 的孩子在他们成年之前都生活在再婚家庭里。到了 2 000 年，不满 18 岁的孩子之中，每 6 个就有一个是继子女。[4]

我在主持一档面向家长的知名节目时经常引用一个公式：E–R= D（期望 – 现实 = 幻灭）。这个简单的公式可以适用于家庭生活中的很多事情，但是另一个我不太常用的公式对再婚家庭更加适用：N × R = C（天真 × 现实 = 混乱）。

一个带着两个孩子的离婚女人嫁给同样有两个孩子的离婚父亲，所产生的问题简直无法想象。在没有一点准备的情况下，草率地进入下一次婚姻，跟从悬崖上跳下来差不多。就算你再有钱也经不起这样折腾。[5] 不仅是物质条件的问题，还有时间、精力和耐心。这里有一个老笑话，形容再婚家庭再贴切不过了：

问：什么东西是绿色的，并且每小时跑 100 公里？

答：一只搅拌器里的青蛙。

把再婚家庭比喻成把青蛙放进搅拌器里一点都不过分，原因之一就是它把孩子们的排行顺序给打乱了。有一个女人再婚后有了五个孩子，而不只是她原来的两个孩子，她告诉我："在再婚之前我们做了好几个月的心理辅导，但婚后产生的问题还是让我们应接不暇。除非你跟那个人朝夕相对，你的孩子和他的孩子共处一个屋檐下，否则你根本无法知道前面有什么正等着你。"

真相往往是残酷的，这个女人的话绝不是危言耸听。要在一个家里同时处理老大、中间孩子以及老小的问题，是够麻烦的。但是，真要让两个家庭像电视剧《布雷迪家庭》（*Brady Bunch*）或《八个刚刚好》（*Eight Is Enough*）那样生活在一起，不仅庞杂而且混乱。

而谈到《布雷迪家庭》和《八个刚刚好》这些广受欢迎的电视剧，编剧们给我们描绘了一个美丽的假象——好像所有危机和问题总能很轻松地得到完美解决，然后大家继续过着“重组后的快乐日子”。事实上，再婚家庭里的人不仅“只是住在一起”，他们还会产生矛盾。

我经常告诉打算再婚的人，“再婚往往只是再次昏头罢了”。不管怎样，他们总是坚持认为“我们跟别人不一样”。其中最为天真的一种想法就是，他们觉得大家会一下子爱上彼此。事实证明，他们非但没有马上爱上彼此，新组成的家庭也会很快破裂。

准备再婚的男女应首先问一问自己：“我们是真的相爱，还是仅仅出于现实需要？”两个离了婚或失去配偶的人经常会对彼此这样说：“你有两个孩子，我有一个，我们为什么不结婚呢？这对我们两个都有好处。”但真正生活在一起时，情况不但没有好转，反而变得更糟了。他们都很奇怪这是为什么。

想要再次组成共同家庭的男女必须同心协力，否则会因为“相处时间太短”之类的原因而轻易再次离婚。当然，也不是没有例外，但很多再婚的家庭通常只能维持两年左右，就分道扬镳了。但如果再婚夫妻有了自己的孩子，婚姻持续的时间会更长一些。谁会认为两年的夫妻关系会比几年甚至十几年的亲子关系分量更重呢？显然这是不可能的。套用一句老话：血浓于水，疏不间亲。

不得不说，如果再婚双方的孩子都比较小的话，他们更容易走到一起。假设两个继女年龄分别是 1 岁和 3 岁，两个继子是 2 岁和 4 岁，他们年龄尚幼，还不怎么记事，再婚双方可以和他们从小培养家人之间的感情。但是，若孩子年龄更大一些，超过了 5 岁，性格就基本形成了，别说让他们相亲相爱地和睦相处，别一见面就打翻天就谢天谢地了。

排行顺序不会因家庭的改变而改变

要想知道再婚家庭里为什么会产生这么多摩擦，首先要明白一点，孩子五六岁以后基本就定型了，同时排行顺序也确定了。换句话说，老大永远是老大，中间的就在中间了，依此类推。再婚家庭中的确会产生新的排行。虽然老大突然间又多出个异姓的哥哥或姐姐，但这并不意味着他们招牌式的一丝不苟、条理分明、计划周详的完美主义者性格也会随之改变。

同样的道理，老小也不会因为在再婚家庭里变成了中间孩子就改变自己的性格。他还是喜欢炫耀自己，博取关注，即使他的父母希望他现在更有责任心一些。

因此重新组合排行顺序的关键在于：如果一个孩子在新的家庭中排行和以前不一样了，不要刻意去改变他原来的行为方式。可能他在现在的家里角色变了，责任也不一样了，但不要强迫他改变自己。千万不要忘了他有着自己独立的个性。[6]

放手让孩子们自己去磨合，看看在新的家庭中到底会形成一个怎么样的排行“新秩序”。首先我们来看一下，如果一个再婚家庭里有好几个“老大”，会引起怎样的反应。

H 家庭

母亲	——	独生女	父亲	——	老大，完美主义者
男孩	——	15 岁	男孩	——	16 岁
女孩	——	13 岁	男孩	——	14 岁
女孩	——	9 岁			

根据我们之前所了解到的排行知识，我们姑且把 H 家庭这个再婚家庭称为“绝地大作战”。为什么叫这么个怪名？因为这家的七个成员骨子里都有老大的性格特质。最明显的一个肯定是爸爸，他是一个完美主义老大，不管是对自己的孩子还是妻子的孩子要求都会极为严格苛刻。妈妈则是独生女，从小受到家人的宠爱，性格敏感，凡事都得按自己的方式来办，这下就更有趣了。

这样的一家人肯定会剑拔弩张，谁也不肯让谁。15 岁和 16 岁的男孩一定会争着当家里的老大。还有 13 岁的女孩和 14 岁的男孩，为了争夺老二之位，他们之间也一定火药味十足。

父母最好谨记一点，这些孩子毫无共通之处。光是看见对方的脸，就足以让他们想起伤心事了：因为父母离婚，他们不得不离开爸爸或妈妈，跟这群人住在一起。在父母再婚以前，他们就已经互相看对方不顺眼了。更何况现在同住一个屋檐下。

碰到这种紧张状况，继父继母应该怎么做呢？我有一个建议，再婚家庭应该像经营一个小公司一样经营这个新家庭。我希望他们可以定期召开家庭会议，大家坐下来讨论一下近期出现的问题。想一想自己怎样做才是对这个家最有利的。最重要的是，如果自己某些行为不当，给家里带来了麻烦，下一步要怎样改正它？

是不是一个有着众多“老大”的再婚家庭注定过不下去呢？我看未必。让我们来看下面的示意图。

I 家庭

父亲	——	和蔼的中间孩子	母亲	——	倔脾气的老大
男孩	——	14 岁	女孩	——	9 岁
女孩	——	12 岁	男孩	——	7 岁
			女孩	——	4 岁

这家人可能会出一些问题，但不像上一个家庭那么严重。因为最大的男孩是爸爸带来的，在新的家庭中他就像个大人一样，而且家里的老二是他的亲妹妹，只小他 2 岁，两人的关系自然比较好。她的排行也没有变，还是她一直以来的位置。从妈妈的方面来说，9 岁的女孩肯定不会去挑战比她大得多的异姓兄姐，7 岁的男孩就更加不会了，虽然他是原来家里的长子。总之，这个家庭很有长久维持下去的潜力。如果妈妈这一边 4 岁的小女儿能很好地发挥老小的天性，她很大程度上能够赢得异姓兄姐的喜爱，对她像亲妹妹一样。

并不是说他们一家就不会产生什么矛盾。例如，父亲这边的女儿 12 岁以前一直都是家中的老小，她也可能不会接受家里突然多出三个比自己小的孩子，当然这得看她爸爸以前是不是溺爱她。而妈妈那边的大女儿从记事以来就一直是家里的大姐姐，突然一下降到了中间孩子的位置，可能会很不适应。她不太可能想到跟 14 岁的异姓哥哥争老大之位，但如果她很要强，也许会试着挑战 12 岁异姓姐姐的地位，尤其是在两个女孩不得不共处一室的情况下。

再婚家庭困难重重

虽然由老大组成的再婚家庭经常会出现一些问题，但其他排行的人再婚后也会矛盾重重。让我们来看看两个后出生的人走到一起，组成的新家庭会怎么样。

J 家庭

父亲	——	爱逃避的中间孩子	母亲	——	备受宠爱的老小
女孩	——	13 岁	男孩	——	14 岁
女孩	——	10 岁	女孩	——	11 岁
男孩	——	7 岁	男孩	——	8 岁

我们待会儿再提家里最年长的那对男女，虽然是一家之主，他们之间肯定也会产生摩擦。如果他们都是性格火暴的老大，那就要当心了！但是，只要他俩中间能有一个人比较宽容大度，过日子就容易多了。

我希望大家把关注的重点放在下面要提到的孩子身上。这个再婚家庭里面最令人担忧的是爸爸那边的 10 岁女孩。她一直夹在大姐和 7 岁的小弟中间，所以她总是像一个典型的中间孩子那样被人忽视。现在，突然之间多了三个人，她又被夹在中间了，其中还有两个比她大，因此她的处境更为窘迫。

妈妈那边，在整个再婚家庭中最占优势的是中间出生的女孩。在原来家庭中她一直是唯一的女孩，所以无论是对自己本身，还是面对整个生活她都表现得非常积极。但是，不幸的是她可能很排斥她的两个异姓姐妹，她们之间关系会很紧张。

最奇怪的是，这个 11 岁的女孩也许会跟 7 岁的异姓弟弟关系最好。这种情况很可能发生，前提条件是她跟自己的亲兄弟们相处得一直不好，从天而降的小弟弟正好可以满足她照顾人的愿望。他们俩可以结成“联盟”，和睦共处。

注意了，在这个混合家庭的最下面，有两个“小丑”的候选人（只是有这种可能性）。这两个老小从前可都是在家里出惯风头的，都有自己的独特个性。现在他们不得不跟别人分享这份“荣耀”，麻烦就来了。看起来在这个家里只有一个老小的位子，所以谁会赢呢？父亲那边的 7 岁小儿子获胜的可能性最大，他是这几个孩子中最小的。但是，妈妈那边的 8 岁小儿子绝不会坐视不理。因此，父母双方需要共同努力，以确保家里的每个孩子都受到应有的重视。

我们也要注意父母双方的排行。爸爸是喜欢逃避的中间孩子，而妈妈小时候是家人宠爱的小公主。这意味着，爸爸性格中会有中间孩子的矛盾因子作祟。在成长过程中，尽管他可能学到一些斡旋之道，但更多时候他还是习惯于逃避问题，因为他觉得这样更省心。当孩子们发生矛盾时，他不会想着主动去调解解决，而是把这些问题丢给妈妈。而妈妈作为一个老小，从来都是别人哄她，想让她去哄别人难上加难。毫无疑问，她会更倾向于给自己的孩子争取更多的好处，而不是一碗水端平。

这下你是不是有点明白为什么再婚家庭会乱得像一锅粥了吧？倘若再婚家庭还想好好过下去，请照着我的话去做：**先处理好自己，再去管孩子。**

排行只是给你一个大体轮廓

前面之所以给大家讲了那么多关于家庭方面的事，只是为了说明一点：当排行结合一定的变量，就产生了一个独特的个体。换句话说，排行不是一成不变的程序，它不是说所有的老大都是一个模子刻出来的，也不是说中间孩子都在某个方面跟别人不一样，或者老小们非得是这样或那样的。排行的全部意义就是给你一个大体的轮廓。

排行的主要变量我也给大家列出来了，根据这些你就能知道排行在现实生活中是怎样起作用的。它不像那些自然科学，可以通过做实验或者电脑数据分析来得出确切的结果。某些变量，比如说年龄差距、孩子的性别，都是些主观的东西。其他变量，如父母价值观的影响又牵扯到上一代的排行问题。所有这些变量结合起来才形成一个独特的个体，他或许会有他所在排行的典型特征，或许根本看不出来。

如果让我用一句话总结前 3 章的内容，那就是，**不管出生在什么家庭，一个人这辈子会变成什么样，很大程度上会受到排行的影响。**

我对变量的解释，多年以来受到了来自各方面的批评。不管是业内人士还是个别观众和读者都曾经信誓旦旦地对我说，排行理论只是纸上谈兵罢了，对现实生活一点用处也没有。时不时有听了我演讲的人对我说："你说的排行特征跟我一点都不匹配。"尽管如此，可一旦听完我对变量的解释，再加上对个别家庭案例的分析，他们就不吱声了。

但是，业内人士的看法简直顽固得跟块石头似的。凡是跟那些纯统计数据不能百分之百吻合的东西，都会遭到这些学者无情地炮轰，声称排行理论比当街算命好不到哪去。[7]

在 20 世纪 80 年代初，瑞士心理学家塞西尔·厄恩斯特（Cecile Ernst）和朱尔斯·昂斯特（Jules Angst），重新检查了 2 000 个排行研究项目的成果，并总结说，其中大部分项目中的很多因素都不在严格的控制之中。他们根据这份研究写成了一本书，在书的最后总结道：“……排行影响人的个性和智商，这种说法是夸大其词。”[8]

我的很多同行也加入厄恩斯特和昂斯特一方，开始说什么你“有可能太高估排行的作用了”。[9] 要么说“只有当家里有七个以上的孩子时，排行的作用才能显现出来”。[10]

我在多年的心理咨询实践中检验了排行理论，没有道理很多年之后才发现它不符合实际生活。并不是说，排行可以解释一切，但它对于我的客户来说，一直是一个帮助他们理解和理顺生活的有用工具。所以这些挑剔的批评者从来没有困扰到我。我将继续用排行理论来帮助各行各业的人。

排行理论对商人的帮助

我从商业领域得到了很多对排行理论的积极反馈。迈克尔·洛雷利（Michael Lorelli），百事公司前总裁，同时也在必胜客和 Tambrands 公司担任过总裁，他是我的一个忠实读者。迈克是家里的老二，上面有个哥哥，经过类似角色转换的方式成为老大。当他在一次商务旅行中读到我这本书，立刻对其深信不疑。他联系到我，并邀请我给他的高层管理人员做演讲，演讲取得了可喜的效果。

今天，作为一位成功的企业管理顾问，迈克有时候仍然会买一些我的书送给员工或顾客。问及原因，他认为这本书很有用，他说：

> 每个人都是父母所生。从这个方面来讲，你可以用排行对认识的人进行分类，不管是谁，客户、供应商、消费者、老板或老同事，你都可以试着找出打动他们的最好方法。

从事商业活动并不是单纯拼智商，也不是说做成几宗大生意就证明成功了，更重要的是拥有一种“软实力”，它决定着你是走向成功还是失败，知晓出生排行理论就是软实力之一。例如，它能够帮助你赢得人心，让你的团队同心协力，助你事业平稳发展。[11]

我认为迈克尔·洛雷利言之有理，他把排行看作决定事业成败与否的“软实力”的一部分。这就是我经常会被邀请到 IBM 管理学院、威廉姆斯公司、百事可乐、必胜客和辛辛那提金融保险公司这样的商业机构做演讲的原因。我也曾经被邀请到百万圆桌会议（MDRT）和一些青年企业家组织，为那些商务精英做演讲。

我喜欢给那些满脸疲倦的副总裁和销售经理做演讲，看着他们抱着胳膊、跷着脚坐在那里，肢体语言毫不掩饰地传达出这样的信息：看看你有什么本事能站在那里？但不出几分钟，他们就把胳膊和脚放下去了，没有表情的面孔立即生动起来，因为这些高级商务人士已经明白了解自己和他人排行的重要性。

这里有一封来自布鲁斯·丁曼（Bruce Dingman）的信，我一直珍藏着，他是著名猎头公司丁曼公司的总裁。他在信中说：

> 自从 6 年前我读到了这本书，我就一直把它作为工作指南，用它来

判断我所要寻找的职位上的候选人是否理想。我不会拿书中的模式套到某个人身上，我只看他的大体倾向……谢谢你在书中传授的智慧。[12]

迈克尔·费纳（Michael C. Feiner），百事公司前欧洲区高级副总裁，在任职期间同样也用到了排行理论。他将排行理论用在面试中，以下是他告诉我的：

我最后一个问题通常会问：“你能不能讲讲你的个人背景，你的父母和兄弟姐妹?”然后，我就能顺藤摸瓜，从他们的回答中了解到大量的信息……在一个大型公司工作，人际关系十分重要，因此我十分重视了解家庭关系是怎样塑造候选人在家庭中的位置的。[13]

对排行的理论研究

我分享这些成功案例是为了说明排行理论在现实中的实际价值，不要管那些评论家说什么。但是你要知道，对于学者和研究者来说排行也同样很有趣。

十分令人高兴的是（也在意料之中），1996 年一本兼具很高学术性和可读性的书出版，书中引用的绝大多数数据显示了排行理论是可信且有效的。这本书的作者弗兰克·萨洛韦（Frank Sulloway）是美国麻省理工学院负责技术和社会项目的一名研究员。经过 26 年对出生排行的研究，萨洛韦发表了他的研究成果《天生叛逆》（*Born to Rebel*）。

他用一种被称为“荟萃分析”（meta-analysis）的研究方法（本质上是用计算机把很多调查研究结合起来）对近 500 年的 6 500 多人的成长历程进行了调

查分析，积累了多达 100 万个信息点，其中还包括一部分参与了 28 项重大科学发现的 3 890 名科学家，以及参与法国大革命、宗教改革和美国改革运动中的活跃分子。[14]

是什么让萨洛韦殚精竭虑地去完成这项工程（这一宏大工程让我这个老小想想都觉得累，更别说做了）？原来，回顾整个历史，老大一直给人保守和传统的印象，而其后出生的孩子更愿意改变现状，掀起变革。根据萨洛韦的说法，后出生的孩子比老大思想开放。他们“天生叛逆”，更愿意冒险，去触犯那些神圣的禁忌。萨洛韦关于老大以及后出生孩子的性格特点的调查结果对我来说并不新鲜，它们正好再次验证了我多年来一直持有的观点。

但是，我跟萨洛韦有一个观点不大一致，他关于兄弟之争的论断是基于达尔文的优胜劣汰理论。兄弟姐妹使用不同的策略互相竞争，并以这种方式来保证自己在家中的地位和生存环境。正如萨洛韦所说：“在生物进化上，不同的个性特征都是为了吸引父母在其身上进行投资，是为了顺利长大而采取的不同策略。”[15]

萨洛韦的这一观点正确与否有待商榷。我个人认为，上帝创造了我们每一个人的形象，并在每人身上盖上了印记。对我来说，排行只是部分地解释了为什么我们会如此不同。我再说一遍，这不是全部的解释，但它是一个组成部分。我们每个人都是独立的个体，一个种类，在世上绝对找不到第二个。即使是同卵双胞胎，其指纹也各不相同。

不管萨洛韦的理论对兄弟姐妹之间的竞争和进化的解释多么有争议，我相信他的研究成果，这对那些声称“排行理论只是骗人的把戏和毫无价值的臆测”的评论者是一个有力的反击。

厄恩斯特和昂斯特得出不同的结论是因为他们认为研究因素不能完全被控制。而萨洛韦进行了 2 000 次研究，建立了 196 个排行项目，包括 120 000 个主体，对研究进行了全方位的控制。当萨洛韦分析这些研究时，进一步地证实了排行理论，特别是老小不守规矩，富有冒险精神，不因循守旧的特质，以及老大认真负责和追求成功的性格。[16] 如果你想知道更多的萨洛韦研究，了解它的优点和缺点，详见附录。

The Birth Order Book

Part 2

出生排行带来的优势与困扰

04

挑剔强势，但勇于担当的领头羊老大

现在让我们进一步观察老大，但是不要忘记我们刚刚在“影响排行的变量”中提到的变量。除了家里的长子或长女，比紧挨着的同性别哥哥或姐姐小 5 岁以上的，或者出于种种原因顶替了家里的长子、长女之位的孩子，也都可能具有老大的性格。本章讨论的重点将集中在家中年龄最大的孩子——老大身上。

如果你是老大或独生子女[1]，要清楚，前头如果还有哥哥或姐姐，你跟现在就大不相同了。如果你不是老大，也要明白当年你要是第一个出生，也不会是现在这个样子。

“四角”排行实验

在家庭和子女培养研讨会上，我用了我最喜欢的小型实践，帮助人们认识自己排行的特点。同时，这一实践可以帮助我进一步了解我的辅导对象，找到帮助他们的最好途径。以下是这一实践的详细步骤。

我要求所有与会者按独生子女、老大、中间孩子和老小分成四个组，每个组占据房间的一个角互不干扰。然后我告诉四个组的成员："你们可以互相聊天，但不要离开各自的小组。"

然后我从一个组到一个组，尽量表现得很随意，在每个组中间放一张纸条，字面朝下，上面写着同样的指示："恭喜你！你是这个小组的组长。请向你这组的人介绍自己，然后让他们做自我介绍。在这期间，列一份表，把你认为你们共同的特点写下来，一会儿你要向会场上所有人员报告。请马上开始这项任务。"

我回到主席台上，所有人都等着我做出下一步的指示，但我什么也没说。相反地，我假装忙着翻阅文件，等着看各个排行的人会做出怎样的反应。谁会先拿出他的纸条呢？几乎无一例外，独生子女或者老大总是会先拿出来，宣读上面的指示。中间孩子那一组很快有人效仿。不一会儿，房间里的三个小组就开始忙活起来了。

第四组干什么去了？老小的那组人，还在左顾右盼，那张纸扔在地上没人去读。

过了几分钟，我再次声明："你们只剩下几分钟的时间了，讨论完毕后，准备给其他小组做报告。"

独生子女小组和老大小组像受惊的小鹿一样更加奋力地去完成他们的任务。虽然中间孩子小组看起来不为所动，暗地里也在加紧步伐。但老小那组还是我行我素，压根儿不管我说什么。

我还记得有次研讨会，老小们在离得很远的角落里三三两两地聚在一起，比别的圈子松散多了。一个人把我放在中间的那张纸踩在脚底下，和他周围的老小组员一样，丝毫没有把它放在心上。

因为我也是老小，在这里一点也没有想拿老小开玩笑的意思。如果我也参加了这个实践，很有可能就是那个踩在纸上的家伙！这个实践我做过几百次，最先拿出小纸条，开始“遵从指示”的人不是出自老大就是出自独生子女的小组，只有一两次是例外。

来自四个小组的报告，也与他们排行的典型特征完全相符：老大组的报告是由指定的组长负责的；而在自负的独生子女小组，通常是几个人要较量一番才能决定由谁负责。在这几组人中，中间孩子也许是最享受实践过程的，因为他们能在交流中认识彼此，在选出组长的时候可能会有一些小小的争执，但最后完成的时候一定是协调一致的。对老小，我还能说什么呢？生命是一片惬意的海滩！

跟老大打交道

在我的实验室实践中，老大或独生子女的几个典型特征再次得到证实：他们做起事来一丝不苟，有良好的组织性，目标明确，志向远大，招人喜欢，崇拜权威。

其他一些用来形容老大或独生子女的词，比如完美主义者、可靠、有条不紊、严格、书生气、富有自我牺牲精神、墨守成规、遵纪守法、自力更生等，使老大总像比别人多喝了点墨水似的。老大们往往能在他们的专业领域取得出色的成绩，因为他们对成功有着强烈的渴望，希望得到他人的认可。

老大们总是能吸引他人的关注。即便你不是老大，从小到大你也免不了跟他们打交道。你的大哥或大姐在你小的时候照顾你，一些老大还会充当他们弟弟妹妹的监护人和保护者，我小时候就是这样的。莎莉比我大 8 岁，她经常放下手头的事来照顾年幼的我。

我的早期记忆之一就是骑她的自行车去幼儿园，因为腿不够长不能踩到踏板，莎莉和她的朋友玛莎就在两边帮我保持平衡，我就这样骑完了 1.6 公里的路程。

莎莉总是为我做出牺牲。我永远不会忘记，大约 8 岁时，莎莉和我坐公交车到 12 公里外的布法罗市郊区。我们要去一个叫作格兰特的低价百货商店，那里有一个快餐店。莎莉让我随便点，我看到菜单上有 30 美分的汉堡和 80 美分的火鸡三明治简直垂涎三尺。

“我能点火鸡三明治吗？”我问。

“当然可以，我请客。”莎莉说。为了那顿饭，她几乎花光了她照顾我赚来的所有零用钱。

我永远无法忘记那个三明治的味道，更没法忘记莎莉为了让我开心不惜花了“一笔巨款”。

任劳任怨，天生喜欢照顾人的老大

你可以看出，莎莉一直是“任劳任怨的老大”。她喜欢让别人开心。因为我一直在用善于组织、目标明确、志向远大、严格认真等词描述老大，可能给你一种假象，认为凡是老大都是那种想要控制一切的专横型性格。当然有很多老大符合“固执己见、咄咄逼人”这样的描述，但是也有很多是那种百依百顺的小绵羊，他们是在成长过程中总想着让别人高兴的模范孩子。

温顺型老大往往都是学校里的好学生、公司里的模范员工，因为他们从一出生就十分渴望得到父母的认同，长大以后也会希望得到其他权威人物的认可，比如老师、教练、老板。每当别人叫他们做什么事，他们总是回答“好的，妈妈……好的，爸爸……好的，先生……我很乐意这样做”。谁不希望周围有几个这样的孩子或员工啊！

另一个温顺型老大的典型例子是我的妻子桑德。我经常跟别人说起这个故事。有一回我们在图森的五星级餐厅用餐，服务员把我们的饭菜都上好了，一如既往地礼貌周全。我津津有味地吃着，但桑德只是在水煮鲑鱼边上吃了几口。

“饭菜有问题吗？”我问，“还是味道不对劲？”

“哦……没事。一切都非常好。要是这个饭店不好，就没好的了。”

我继续吃我的饭，但桑德还是在挑挑拣拣，并没有真正享用食物。最后，我说出了我的疑惑：“亲爱的，告诉我，这条鲑鱼是不是不大对你的胃口？”

“嗯……这条鱼中间不太熟。”

其实，这道水煮鲑鱼岂止是“不太熟”，它简直就像还能游向上游产卵的活鱼一样。作为一个老小，我才不愿意逆来顺受呢。我马上告诉服务员这条鱼不合我的口味，餐厅领班和厨师都吓坏了。不一会儿，一条新煮的鲑鱼给端了上来，百分之百熟透了。

生鲑鱼的故事很好地说明了桑德“息事宁人”的天性。像我姐姐莎莉一样，桑德也喜欢取悦、养育和照顾别人，符合一个温顺型老大的所有典型特征。

顺从的老大总是想要去满足别人，这样将面临一些风险。经常有一些逆来顺受的老大向我咨询，抱怨配偶、老板、朋友们对他们的要求越来越多了。剧本里经常出现这样一段经典剧情，顺从的老大作为公司中层管理人员，兢兢业业地为经理打工，经理却把一份文件拍到他桌子上，颐指气使地说“尽快交份报告上来”。

虽说他们工作是要养活一家老小，但对顺从的老大来说得到他人的肯定会让他们有更大的成就感，而这种对于获得他人肯定的渴望是从小养成的。从小到大他总是家里负责干活的人，倒垃圾、修剪草坪、洗碗，因为他的弟弟妹妹们要么太小，要么靠不住。父母在某种程度上依赖（和利用）老大，我把它叫作“让老大去干吧综合征”。

由此完全可以推想随之而来的会是什么情况。老大的顺从可能会吸引那些自私、自恋、不知道体谅他人的老板或配偶，很快老大们就会发现自己深陷麻烦的旋涡中不能自拔。他们的怨言也在无声之中慢慢积累着，最终需要一个发泄的渠道。通常这就是他们来找我的原因。

积极进取，目标远大的老大

虽然任劳任怨的老大很愿意尽职尽责地工作，照顾别人，但还有另一种类型的老大，他们充满自信，意志坚强，固执己见，成就很高。这些自信的老大往往目标远大，渴望成为某一领域的领军人物。在通往成功的道路上，他们可以变成斗志昂扬、不择手段的野心家。

那种每天除了工作还是工作，一年到头不休息的公司主管，就是对固执己见、自信满满的老大恰如其分诠释。然而，一旦他们有两个星期可以休息一下，立刻就变得跟另外一个人似的。一位客户的妻子曾经告诉我："我们去度假的时候，哈里表现得太棒了。他一直很放松、很随意。但假期结束前两天，他又板起了脸。我们还没回到家，他那八头牛都拉不回来的臭脾气就又上来了。"

近年来，我的实践活动范围又扩大了，其中有一项就是为企业管理人员进行团体培训。我做了一个小小的调查来看看老大们在这些团体中有何出色的表现。在一个 CEO 团体里，21 个参加者中有 19 个排行老大。在青年总裁组织的一次会议上，26 个年轻活泼的男女总裁中有 23 个是家里的老大。

老大们喜欢严谨的工作

虽然有些老大成了有权有势的领导者，但更多的人还是默默无闻地做着那些需要细心和耐心的工作，比如编辑和会计。这些年来，我写了超过 20 本书，有过 12 个编辑，其中 11 个是老大或独生子女。剩下那个虽然是老二，却是一个"代"老大，在成长过程中他和哥哥发生了角色互换。

作为一个老小，我十分感激那些编辑，他们常常救我于危难之中。其实我对他们了解不多，除了他们喜欢用红色的铅笔在一些细节上提出问题，例如，“为什么这句话从 33 页就开始了到 35 页才结束”。[2]

从下面的例子中你可以明显看出老大和那些要求严格的行业息息相关，下面是我在给俄亥俄州会计师公会演讲时发生的一件事。主持人介绍完后，现场的 221 名会计师，他们要么凶神恶煞地看着我，要么就一个劲地看表。我感觉他们需要放松一下，于是说：“你们当中多少人是老大和独生子女，请站起来。”不出我所料，几乎所有人都站起来了！接着，我数了一下没有站起来的人，只有 19 名，都是中间孩子或老小。我对他们说：“你们怎么会出现在这儿?”大家哄堂大笑。

会计师对待他们的工作十分认真。一个公司是好是坏，很大程度上取决于他们的会计师仔不仔细。哈维·麦凯（Harvey Mackay），麦凯信封公司董事长兼 CEO，也是商业畅销书《与鲨共泳》（*Swim with the Sharks without Being Eaten Alive*）的作者，他认为，开办一个公司，除了你自己，你要雇的第一个人就是一名好的会计。[3] 麦凯是家中的第一个男孩，而他的指定会计师也是一个老大。

我曾经采访过麦凯，他强烈的进取心在我采访他的第一秒就肯定无疑。老大善于分析，喜欢问别人问题。我通过电话采访麦凯，虽然看不到人，但很快就确定电话那头是个老大。他问了我十多分钟，好像我才是那个受采访的人![4]

老大也善于当领导

不管在什么情况下，你会发现老大们总是充当领导角色。比如，我让你说出

20 世纪 80 年代在美国乡村音乐界红极一时的曼德雷尔姐妹（Mandrell Sisters）当中一个人的名字，你首先想到的极有可能是芭芭拉，理由很明显：她是老大，足智多谋，性格外向，是个典型的领导者。很少有人提到路易丝或厄尔伦。

20 世纪 90 年代美国演艺界有鲍德温四兄弟（Baldwin brothers），你觉得哪一个像老大？是不是亚历克的可能性比较大？当然，他也是老大。

再举一个两兄弟的例子，他们就是公认的把第一架飞机送上天的莱特兄弟。如果我让你说出他们当中的一个人的名字，我猜你八成会说威尔伯。奇怪是吧，别忘了他比他弟弟大 4 岁。

美国 56% 的总统都是老大或“代”老大，其中吉米·卡特就是一个典型。他严肃、勤奋，从不让人失望，从佐治亚州州长到美国总统始终坚持自己的做事原则。而与吉米形成鲜明对比的是他的弟弟比利，酗酒，说脏话，信口开河，以自己的斑斑劣迹引人注目，而比利这么做很多时候是故意让他的大哥难堪。

老大通常带给家庭很大压力

虽然很多老大对外都是杰出领导者，但性格执拗的他们往往要为此付出代价。除非家庭或友谊破裂，否则家人或朋友就得经常受到他们的压迫。我怀疑这并不是一个巧合，精明强干的李·艾柯卡是一名成功的 CEO，但他离过三次婚。事实上，这简直快成一条排行规律了，尤其对老大来说。**那些让你在公司、教会或其他组织中获得成功的性格和能力，在处理和自己最亲密的人的关系时往往产生相反的效果。**

在一架美国航空公司的航班上，我有幸碰到罗伯特·克兰德尔（Robert Crandall），美国航空公司的前董事长和总裁，我俩就隔了一条过道。熟悉了之后，他告诉我他是家里的老大。我早就猜到了。他固执己见，头脑冷静，有领导才能，都是出了名的。

后来我对他进行了一次采访。我问他人生中有没有什么信条，会不会把妻子放在第一位，他回答说："是的，这是事实。但我的妻子必须认识到，其实我能把她放在第一位的时候并不多。"他接着说，把妻子放在第一位跟事业没有什么直接联系，这更多的是一种"个人观点"而不是什么"经营理念"。

问题恰恰出在这里。想要把事业和家庭完全分开，往往导致事业成了，可家没了。[5]

我经常坐飞机，因此养成了一个习惯，喜欢调查一下机长的排行顺序。因为机长责任重大，必须做到"完美无缺"，大家应该也能猜到他们通常都是老大。事实上我的调查结果显示100名被调查的机长，98男2女中，有88名是老大或者独生子女。最近我乘坐美国联合航空公司的飞机时，机长走出驾驶舱到过道向乘客们打招呼。于是我问他："你好机长，你是老大吧？"

他奇怪地看了我一眼说："我们见过面吗？"

"没有，但你是家里的老大，不是吗？"我说。

"对啊，我是。"他说，接着在不到5分钟的时间里，我们把半辈子的事都聊了。他一边流着泪，一边对我说他的第三任妻子又要跟他离婚。他所在的飞行行业虽然无时无刻不面临着机毁人亡的压力，可在家里，他已经"坠机"三次了。

很多时候老大由于性格执拗，往往会忽视了家人和朋友的感受，直到最终他们都离他而去。老大一旦决定要取得成功，就有了“胜利就是一切”的想法，他可以把那些遵纪守法、自我牺牲的价值观都扔到一边，取而代之的是不择手段。

是什么成就了老大

无论是任劳任怨还是自信满满，老大总给人一种一本正经（甚至还有点局促）的感觉，造成这种状况的“罪魁祸首”至少有两个。他们就是，妈妈和爸爸。因为之前他们从未有过孩子，老大一出生自然成了他们的“小白鼠”。初为父母的心情是很矛盾的，一方面捧在手里怕摔了，含在嘴里怕化了；另一方面又想严格要求，教出个懂事听话的孩子。

一切只要跟第一个孩子一沾边就不得了。小菲斯塔斯或米尔德里德尚未出世，全家就已经严阵以待了。带着无限的期望，年轻的父母开派对庆祝他们即将成为父母，给婴儿取名字，为婴儿房选择墙纸，购买婴儿的衣服和玩具（如果父母自己就是老大或独生子女，还要加上几项：开个小猪银行账户，买保险，准备大学预备金）。

基本上所有家庭在第一个孩子出生的时候都有点兴奋过头。父母还有祖父母，连孩子每次哭泣、每个眼神、每个突发奇想都会记录下来，仅仅照片就能装满几十个（甚至数百个）相册。研究表明老大比后面的孩子走路和说话都要早，这也算是一种必然吧。周围的亲人都在不断鼓励和督促，他们可能也是出于无奈吧！

正如我们所看到的，老大经常能成为领导者或成功人士，这不一定是他们的本意，但周围的可模仿对象只有父母（也许还有祖父母、阿姨和叔叔），他们呈现出的是大人的特点。孩子的性格在 5 岁的时候就基本成型了。在老大非常小的时候，甚至还未满 12 个月时，他们就已经开始观察他们的父母，并注意到怎样才是“正确的”做事方式。这就是为什么老大们一般都很严肃，不喜欢那些出乎意料的事。他们有着良好的控制力和组织性，遵守时间，而这些特征放到大人身上会更合适。

实惠和特权

如前所述，老大的任何举动都牵动着每个家庭成员的神经，他们鼓励着老大去取得成功。我的姐姐莎莉和哥哥杰克都是很好的例子。

因为家人和朋友都把老大看得很重要，他们往往能树立更强的信心。这也难怪，老大们一个接一个地成为俱乐部、公司甚至国家的领导者。超过 50% 的美国总统都是老大或“代”老大，只有 3 个是完完全全的老小。我曾经冥思苦想为什么入主白宫的老小寥寥无几。后来突然冒出一种想法，或许他们压根儿不是这块料！

由于注意力集中，极有耐心和组织能力，尽职尽责，老大在许多行业具有明显的优势。我演讲的时候经常会问一个问题：“如果你是一家银行的经理，要招一些出纳员，你会选择什么样的人？”很多人回答他们会录用老小，因为他们对人友好，性格外向，更容易赢得顾客的好感。我的意见恰恰相反，虽然他们更能给顾客留下好印象，但别忘了这些老小出纳员更有可能对旁边的同事说：“海伦，你能不能帮我照看一下？我得去趟厕所，可我这里还有 14 个人排着队呢。”

还要提一下，所有老小的通病之一就是爱丢东西：“我们再找找吧，我肯定那 135 000 美元就在附近。”

在做进一步说明之前，我们要记得变量的作用，凡事皆有例外。我不是说所有的老小都那么不长记性，马马虎虎。我的意思是，从平均概率上看，老大可能会更仔细认真，追求完美，更能委以重任。从本性上来说，老大痛恨犯错误。他们小心翼翼，精于算计，严格遵守规章制度。在一个像银行这样工作烦琐，要求严格的地方，这些品质不仅有用，而且必不可少。

压力和问题

凡事都有两面性，人们的关注，“真棒”和“太好了”这些赞美之声以及责任感叠加在一起，注定会给老大带来另一样东西：压力！首先，问一下那些老大，自打他们记事以来，从爸爸妈妈或者他们一直模仿的其他大人那里，最常听到的话是什么？是不是：

> 我不在乎他做了什么，你才是老大！
> 什么？你不想带你的弟弟（妹妹）吗？好好待在家里！
> 你能帮一下你弟弟（妹妹）吗？
> 你怎么给弟弟妹妹做榜样的？
> 你能不能别总跟个小孩似的？
> 你什么时候才能长大？
> 他比你小，你应该更清楚！

许多老大记忆中都是类似的话语，提起来他们只能微微苦笑或摇头一笑。有些人看了可没那么淡定。我写完《老大的成长》（*Growing Up First Born*）后，编辑给它加了个副标题：“在压力和特权下成长起来的第一名”（*The Pressure and Privilege of Being Number One*）。该书出版后不久，我收到了一位女士的来信，她先说她读完了这本书，然后接着问：“对不起，我记得作为老大所背负的所有压力，可怎么也没发现特权在哪里，我好像一直都跟它错过了。”

很多老大可以告诉你这一点，在他们不得不顾全大局的时候，其他弟弟和妹妹却过着悠闲的日子。老大在父母行使权利时，成了首当其冲的被管教对象。

老大受的管教最多，干的活也最多。家里一有什么活要干，你会首先想到谁？不管是跑到角落拿一块面包，还是递一下拖鞋，可靠的老大总是最好人选。

大部分老大在成年之后仍然记得最令他们痛恨的任务：要留在家里照顾弟弟妹妹，不能和小朋友出去玩。老大总是有名目繁多的事情要做。大姐总是最可靠、最贴心的，这几乎成了大家公认的，许多母亲更是对这一点充分加以利用。

当然，刚开始的时候一些老大可能会很喜欢扮演保姆的角色，但撑不了多长时间，他们就开始厌烦了。即便这样，老大们也很少会主动甩掉他们的“小尾巴”。

可怜的杰克！有时我觉得他还在生我的气，因为妈妈和爸爸在我6岁的时候给我买了一辆路霸自行车，还是那种带支腿的，而他只能凑合着玩缺胳膊少腿的旧模型。最让他介意的是，什么好东西到我手里都不会被珍惜。每次骑车从外面回到家，我把闪闪发光的新自行车往地上一倒就不管了。

给大家一条好的建议，永远不要期待你的大孩子能成为你的小儿女们的保姆。当然我也明白，因为经济原因，或者一些意料不到的突发情况，或者父母工作忙碌，这句话说起来容易做起来难。

不过大家要明白一个底线，就是父母不要对老大期望过高。他们往往被迫成为家里的排头兵和带头人，紧随父母的脚步，按照父母的方式生活，顺着父母的意愿选专业。从古至今，父亲与长子之间的冲突就从未停止。父亲希望儿子接手家族生意，或者在不喜欢的领域干出点成就。但是大儿子想要开创自己的事业，比如，养蚯蚓，或者在丹尼快餐店当一个煎炸厨师，也可能是做一个牧羊人，养鸡场厂主，甚至做一个素食主义者。

长子长女们不得不背负起家里的“皇太子”和“长公主”的重担。无怪乎他们经常会说：

> 所有人都靠我了。
> 我不能逃避任何事情。
> 当个老大可真不容易。
> 我从来没尝过当小孩的滋味。
> 如果我不亲自去做，这事肯定干不好。

老大的噩梦

这个故事对大部分老大（以及独生子女）来说堪称最糟糕的噩梦。我在这里先讲个大概，然后在接下来的两章里提出全面的治疗方案。我下面要讲的与老大的完美主义有关。颇具讽刺意味的是，许多沮丧的老大质疑我，说他们那么糟糕，怎么可能是完美主义者。事情往往是这样的：

长子弗兰克　你的排行理论跟我一点都不匹配，你说家里的老大都很爱整洁，我告诉你，我就是老大，我的办公桌几乎是整个办公室最乱的。你该怎么解释，莱曼博士？

莱曼博士　真有意思。你是做什么工作的？

长子弗兰克　我是一名电气工程师。

莱曼博士　听起来像是一个技术性很强的专业。要跟很多数字打交道，思维还要有条理？

长子弗兰克　没错，但你对我那杂乱的办公桌怎么解释？

莱曼博士　你的办公桌很邋遢没关系，但你能不能在上面找到你要的东西？

长子弗兰克　当然。我对上面的每一寸地方都了如指掌。

莱曼博士　这就对了，不管怎么乱你都清楚自己的东西在哪，对吧？

你从事的是一个非常需要纪律的行业——工程。虽然你的办公桌很乱，但你还是会觉得自己很有条理。我猜你在某些方面是完美主义者，而完美主义者有一张杂乱的办公桌只是一种表象，因为生活中的很多事都不是按照他们所设想地进行，这让他们感到十分沮丧。

长子弗兰克　是啊，我就是希望能始终如一地把事情做到最好。我从来没

> 有感到满意过，我一直认为我能找个好一点的工作。我总是努力，拼命……

没错。弗兰克把一个沮丧型完美主义者描述得分毫不差。但弗兰克只是其中的一员。很多人这样质问过我："你不知道我的丈夫哈利。他就是个老大，但凡家里的活他一点都不能碰。什么东西一到他手里不是缺胳膊就是断腿的。倒有一件事总是错不了，那就是放水，水管坏；割草，割草机毁。只要他一碰想不完蛋都不行。"或者说："你应该看看我妻子哈丽是怎么过日子的。她排行老大，但是要想让她准时去什么地方，我告诉她的时间要比实际应该到达的时间提前半个小时到一个小时，否则你就等吧。"

我还是要说，像哈丽这样的人，当然还有长子弗兰克，都算是受挫的完美主义者，只是有些另类罢了。甚至可以毫不夸张地说，所有的老大和独生子女都是完美主义者，只是他们很多人变得心灰意冷罢了。多年来，在从事心理咨询的过程中，我的大部分顾客都是老大或独生子女，只是他们之中很多人的完美主义者本性被掩盖起来了，表面上看不出来而已。

我再说一遍，完美主义是老大和独生子女的主要问题。说难听点，这就是个诅咒；往好听点说，它也是个沉重的负担。

老大的优点和缺点

在我们结束本章之前，我希望排行老大的读者能够仔细看一下表 4–1，它列出了老大的一些典型特征。然后就你关心的方面，考虑一下每个特点，看看它是优点还是缺点。如果它是缺点，你能怎样改善自己在这方面的劣势？如果它是一个优点，你怎样发挥自己在这方面的优势？

表 4-1　老大的典型特点

典型特点	优点	缺点
领导能力强	负责，知道该干什么	可能导致周围的人过于依赖老大，降低了他们的积极性；可能会表现得霸道专横
积极进取	受人尊重，其他人会坚定地追随	对别人为所欲为；比较迟钝，往往有些自私；太过专注于目标，忽略了他人的感受
任劳任怨	相信自己的看法，果断做出决定	容易被人利用，受人摆布
完美主义	有合作精神，容易相处，有良好的团队精神	吹毛求疵；永不知足；担心自己的工作做得不够好而拖拖拉拉
有条不紊	做事情毫厘不差，不做没有把握的事；喜欢掌控全局；准时，按部就班	太顾虑秩序、过程和规则，该灵活的时候不灵活；对没有条理的人不耐烦或者不够细心；不喜欢惊喜
干劲十足	雄心勃勃，进取心强，精力充沛，愿意为成功做出牺牲	给自己和同事太多的紧迫感和压力
井井有条	制定目标并做出实际行动；总希望每天比别人做得工作多，不给自己留任何空闲	可能会陷入困境，每天忙于完成清单上的工作
逻辑性强	被称为直线思想家；基本不会失控或轻率行事	总是认为自己是正确的，不在乎别人的看法
勤奋好学	喜欢读书和收集信息，想法透彻，善于解决问题	因为花费在收集材料上的时间太多而耽误了其他事情；该幽默的时候不会幽默

● 诚实地面对老大的特性

The Birth Order Book

1. 我是不是参加了太多的活动？我应该放弃哪些？
2. 知道怎么说“不”吗？我最近有没有坚定而优雅地对别人说“不”？
3. 完美主义给我带来了哪些问题？我可以分辨出追求完美主义与不断进步之间的差异吗？
4. 我是不是太依赖备忘录了，总是用列表来规划生活以保持平衡？
5. 我是不是能够原谅父母在我成长中施加给我那么多压力？我能不能诚实地说出身为老大的我既有优势又有压力？
6. 我是任劳任怨型还是自信强势型？我的最大优点是什么，我的主要缺点是什么，怎样改进它？
7. 如果我是一个自信强势型老大，我是不是愿意请我的配偶、孩子和下属来挑一下我的优点和缺点？家人是否介意我陪伴他们的时间太少？
8. 如果我对我的兄弟姐妹有所嫉妒和怨恨，我是不是能够坦然面对，调整这种情绪？我在什么时间、什么地点能做到这一点？
9. 我是不是太在意别人的想法了？最近是不是还有类似的情况发生？
10. 我是不是对别人太挑剔了？我的家人或朋友会不会说我太严厉了？

05

老大的麻烦：完美主义

之前我已经提到过完美主义不是一个百分之百的褒义词，尤其是在我看到它给老大和独生子女带来了这么多的麻烦之后，更加确信这一点。但是，完美主义这一毛病到底有多严重？世界上是不是应该多一些完美主义者，这样的话，人们在工作和服务中才不会粗心大意，敷衍了事？

先别管什么排行，看看人们都是怎么评价完美主义的吧。你觉得下面的哪一项描述最为合适呢？

A. 一种负担
B. 压力甚至疾病的源头
C. 慢性自杀
D. 一种优势

根据我的经验，头三个答案都是正确的，错误答案是 D。完美主义并不是一种优势，如果你原来选的是这个，我劝你最好改变这种想法。

完美主义不是一种优势

首先，你要知道自己在完美主义这个泥潭里陷得有多深。想要弄清这一点，你只需在下面问题前的横线上填 0～3 三个数字，0 表示“从不”，1 表示“偶尔”，2 表示“经常”，3 表示“一直”，然后把你填的数字相加。

____ 1. 你会不会因为自己或别人犯了错误而感到恼火？

____ 2. 你是不是觉得别人都应该像你一样尽全力做好每一件事？

____ 3. 你是不是经常使用“应该”这个词，如“我应该慎重”或“我们应该立即召开会议讨论这件事”？

____ 4. 你是否觉得很难享受成功？即使某些事情进行得很顺利，你还是时常觉得这件事情能够做得更好一些？

____ 5. 你会不会因为一个小错误而不开心一整天，或者至少一个上午？

____ 6. 你是不是很烦听到“够好了”和“差不多”之类的词，特别是在工作中？

____ 7. 你是不是常常拖延工作时间，因为你觉得你还没完全准备好？

____ 8. 你会不会对某件工作感到不满意，因为如果时间充足你原本可以把它做得更好？

____ 9. 无论是在开会还是团队合作时，或者在其他任何大家一起工作的情况下，你是不是都喜欢把事情事先安排好？

____ 10. 如果你觉得一件事一定要怎样做，会不会要求周围的人都用同样的方法来配合你（好好想一下你都是怎么做的）?

____ 11. 你看到装了半杯水的玻璃杯是空了一半，而不是满了一半？

评分：

11～16 分，轻度完美主义

17～25 分，中度完美主义

26～33 分，极端完美主义（你对自己和他人都太严格了）

我最喜欢举这个例子，这是我从报纸上剪下来的一份交友广告，上面的这个人绝对是一个极端完美主义者。

> 克里斯琴，女，单身，金发，蓝眼睛，身高 1.57 米，体重 45 公斤，民航学院教授。欲寻一 30 多岁的单身男教授，要求是基督教徒，富有同情心，热爱自然、运动和健身（但没有参加运动团体）、音乐、舞蹈、教会和家庭生活。不抽烟、不喝酒，体形匀称，身高 1.73～1.82 米，头发浓密，没有胸毛，聪明，诚实守信，富有幽默感，善于沟通，善解人意，温柔，深情，对事物态度客观，愿意鼓励和帮助他人，脾气温和，不会以自我为中心，有保险和一定的经济基础，注重健康，干净整洁，体贴可靠。我的道德观和价值观比较传统，如果你也信奉基督教，或对其感兴趣，请写信至邮政信箱 82533。请附一张近期彩色照片和地址。

从这样的一个广告当中能够读出很多信息。首先，对这样的要求我已经无话可说了，我敢断言这个女人一定会单身很长时间。你能想象她与一个汤姆·克鲁斯这样的小伙子约会吗？突然从男人的 Polo 衫缝里瞄到他胸前有毛，然后关系就结束了！

我以一个咨询师的身份打赌，这个金发蓝眼、身高 1.57 米、体重 45 公斤的职业女性是老大或独生子女。当然，她是一个极端完美主义者，在上面那个测验中定能得 30 分以上。这种性格就是我所说的“生活撑竿跳”。他们总是希望把横杆放得再高一点，然后每一次都把自己摔得伤痕累累。

18个月大养成完美主义者

在我们都还非常小的时候，就已经养成了独特的生活方式，其中也包括完美主义。桑德和我在大女儿霍莉刚刚18个月大的时候，就看到她有这种迹象。当时我们到加利福尼亚的海滩去度假，这是霍莉第一次到海滩。她摇摇晃晃地走在沙滩上，竖起一根手指，看着上面的几颗沙粒，好像很迷惑。

她哼了两声，好像对手上沾了“脏东西”很不高兴，想让我们帮她弄干净。在我们看来，才18个月大的霍莉已经表现出了完美主义者的迹象。尽管我们用尽各种方法鼓励和纠正霍莉，让她不要吹毛求疵，但当她20多岁，已经是个成年人了，还是对所有事情都要求完美。这就是为什么她所教的高中生如果上文学课不提前预习就会被留堂。霍莉每次都会按时完成任务（从高中到大学从没拖沓过一次），她希望她的学生能跟她一样。

不过，虽然霍莉从来都不邋遢，但是她远称不上是家里最爱整洁的孩子。这个荣誉属于她的妹妹克丽丝，我们家的老二。但是，我一点也不奇怪霍莉对房间的整洁度要求不高，虽然这跟她追求完美的风格有点不符。这是她掩盖挫败感的一种方式，毕竟生活中有很多不尽完美的起伏。

在上面的测试中，分数介于中度和极端完美主义者之间的，通常属于我所说的“沮丧型完美主义者”。他们终其一生都在自我催眠，“只要能变得完美，我这辈子就知足了”。这变成了他们的一种生活风格。“生活风格”是阿尔弗雷德·阿德勒（Alfred Adler）创造的一个术语，用来指人们在达到自己目标过程中的心理状态。

在完美主义者内心的沮丧达到一定程度后，就会用一种过度批判的眼光来看待自己和他人。比如说上面提到的那个广告征友的女人，有可能正好找到一个完全符合她要求的人，那个人又正好傻到会和她结婚。但不等蜜月结束，他肯定会发现自己上了一条沮丧型完美主义者的贼船，要下来就得付出巨大的代价。

这类完美主义者都带着一个“客观”的面具。他们最喜欢的格言是：“没有最好，只有更好！”他们总能从鸡蛋里挑出骨头来，别人见了他们都恨不能绕弯走。他们甚至能把别人也变得神经过敏，令人觉得自己怎么那么没用，本职工作都做不好。

我总是告诉那些管理者，如果他们有一个员工是严重沮丧型完美主义者，而且那人会直接影响到其他人，他们就应该采取一些比较强硬的措施。首先，给这个员工一个友善的警告，让他有机会去改正自己的行为。如果他的极端完美主义继续发展下去，最好给他换个不需要接触其他人的岗位。如果找不到这样的职位，只能请他换个工作了。

如果你在一个极端挑剔的完美主义者手下工作，而他正好是部门经理、总裁，或处在其他权力很大的职位，不要因为他不断地批评而觉得是自己的错。相反，你要知道这个世界上没人能让他们满意，就连他们自己也不行。也许你会因为工作待遇坚持下来，在不断的否定声中千锤百炼。但如果你觉得自我实现和工作中的满足感更加重要，最好考虑换个工作。

完美主义的周期

自从写这本书以来，我了解了一些关于完美主义周期的出色研究。对于完美主义者来说，没有什么是十全十美的，他们从来没有完全完成过任务。完美主义周期往往包含 6 个步骤，详见图 5–1。

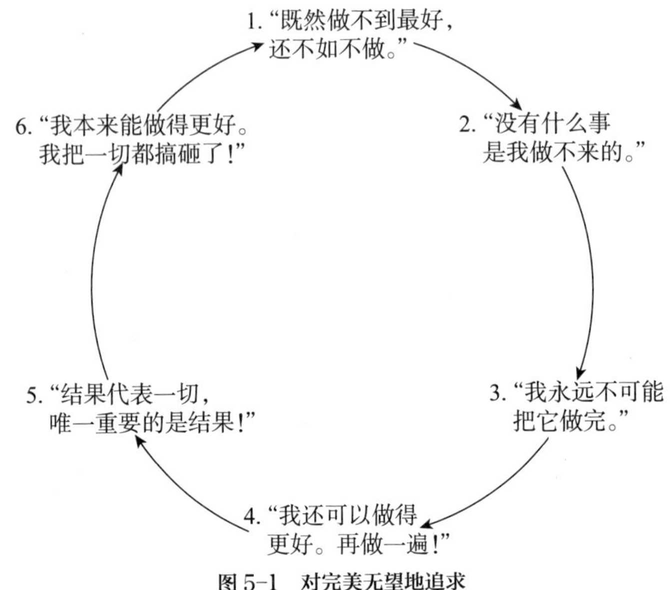

图 5–1　对完美无望地追求

资料来源：Fritz Ridenour.*Untying Your Knots* (Old Tappan, N.J.: Revell, 1988), 112，经原作者授权使用。

1. “既然做不到最好，那还不如不做”也许能说明完美主义者的症结。他总是把自己当成一个舞台上的表演者，如果能分毫不差地完成表演就算是成功；稍有不慎，则是满盘皆输。

2. “没有什么事是我做不来的”，这也许是完美主义者的主要问题。完美主义者总是想多干一件是一件，哪怕他们的行程表已经满得不能再满了，这往往是导致他们一连串失败的原因。

3. “我永远不可能把它做完”让完美主义者惶恐不安。向轨道下方看去，看到前面栅栏一个接着一个，而且一个比一个高。所面临的障碍不一定存在，但在他们眼中已然存在，他们只好硬着头皮往前冲。“我怎么摊上这个烂摊子？我该怎么办才好？”这是典型的完美主义者的哀叹。

4.“我还可以做得更好。再做一遍！”障碍似乎越来越高，完美主义者总是想到最坏的结果，把希望放到最小。如果完美主义者犯错误，他们会反复思考这些错误，一遍遍地寻找什么地方出了错。一旦找到问题的症结所在，他们就会觉得事情本来可以更好。

5.“结果代表一切，唯一重要的是结果！”当压力过大时，完美主义者可能会解放出来，放弃任务，或者以时间不足为借口降低完成的标准。

6.“我本来能做得更好。我把一切都搞砸了！”无论完美主义者最后是设法完成他的工作还是选择放弃，都充分证明，完美主义者总是认为他们必须更加努力。第二（或更低）永远满足不了他们，他们始终追求更好。

阿维斯情结不止祸害“普通人”，还困扰了很多名流、成功人士和天才。演员亚历克·吉尼斯承认对自己的作品不满意，甚至还说：“我从来没有做过任何一件令自己感到满意的事。”

亚伯拉罕·林肯在葛底斯堡演讲结束后，把这场演讲称为“一场彻底的失败”。达·芬奇是一位杰出的画家、雕塑家、科学家、工程师和发明家，世界上真正的天才之一，他说：“我冒犯了上帝和人类，因为我的作品没有达到它应有的水平。”[1]

习惯性拖沓

这 6 个步骤的周期，每天可能会重复几次，这得看这些完美主义者做的是什么事。而他们在经历这个循环的时候，常常会陷入习惯性拖沓。你有没有见过现实中的拖沓者？（或许你早已对此深有感触。）拖沓者一碰到日程安排和最后期限绝对会出问题。拖沓背后的一个主要原因是完美主义者对失败的恐惧。拖沓者总是对事情抱有很高的期望，这让他们害怕开始一项工作。他们宁愿拖着，最后一分钟再完成任务，然后拖沓者可以说："如果时间充足，我能把它完成得更好。"

我们做的一期《父母驿站》整场都是关于完美主义的，当天我们有很多听众，他们同完美主义、拖沓斗争了很多年，总感觉自己的人生不合格。迈克尔就是其中之一，他抱怨说，他从未真正完成过任何事情，没有任何成就（完美主义拖沓者的典型特征）。他和妻子、孩子一起做一件事情，但总是不能坚持到最后。他觉得自己总是说大话，搬起石头砸自己的脚。

我向迈克尔表示我可以描述一下他和他的家人。我是这么说的："有时别人会让你做某件事，但你会拒绝，因为你一看大概情况，就觉得这是个不可能完成的任务，自己做不了，然后转身做其他事去了。即便你已经答应了别人要做某件事，但最终要么失去兴趣，要么放弃，要么拖到最后才能完成。"

"恕我冒昧，迈克尔，你小时候，家里人是不是都爱批评别人？换句话说，你的父母对你很严厉，你为了避免受批评，干脆就不把事情做完。你肯定觉得如果我根本没做完，别人还怎么批评我呢？这当然是自欺欺人，这么做只是为了让自己好受一些。"

迈克尔的回答是："你简直把我看透了，这些事我都干过。有时候我会对一件事研究好几天，然后对自己说，你看，这件事需要八九个步骤才能完成，我做不来。有些时候，我甚至已经着手做了，但是，如你所说，半途而废，把问题扔到一边。这就是我最大的问题——半途而废。我不得不停下来对自己说，你既然答应了别人就必须完成。”

这种事情经常发生，迈克尔自己也已经意识到问题所在。只要通过简单的后续指导，他的行为就能改变。我问他，小的时候是不是喜欢制作模型，他说他确实很喜欢“模型车这样的东西”。我说，我经常发现那些一直为拖沓和完美主义而烦恼的人往往喜欢制作模型或拼拼图这样的游戏。

“你就差临门一脚了，迈克尔，”我继续说，“你是一个非常能干的人，比你自己想象中能干多了。如果我跟熟悉你的人谈谈你，我相信他们一定会说：‘那家伙潜力无限，真是令人难以置信！’”迈克尔回答：“你是不是一直藏在我家衣柜里?”

原来，迈克尔是一家陶瓷商店的生产经理，那种工作非常精细，对一个完美主义者再合适不过了。我说，我敢肯定别人一定跟他说过他做的陶瓷非常精美，但他自己觉得，别人要是知道上面有那么一点瑕疵，就不会这么说了。

迈克尔要允许自己是不完美的。我劝他把自己不完美的一面展现在孩子面前，主动向他的妻子或孩子说：“亲爱的，我很抱歉，我不应该那么说。”

至于做事，迈克尔需要设定一个完成期限。当然这个期限必须是合理的，而且在最终期限临近之时，让自己接受“不怎么完美”的结果。

最后我奉劝迈克尔不用急着全盘否定自己。许许多多与完美主义做斗争的人这样说："这样一点都不好。"或"噢，它简直不成样子。"这往往都是完美主义者矫枉过正的表现。相反地，迈克尔需要说服自己，完美主义是上天赋予他的美好礼物，他要善用这份礼物，发挥它最积极的作用。

改变拖沓

乔治是我在咨询过程中碰到的最不寻常的拖沓者之一。他来找我，是因为他在过去 4 年都没有交过个人所得税。原来，他打算专门为了保存个人所得税的收据而建立一个详细的系统，但后来发现那是一项无法完成的任务。他家的房间里有几个用包装纸包裹的野餐桌，桌子上摆满了叠放整齐的收据和发票。

乔治不停地安慰自己，他只是想把每个细节都整理好，然后把事情搞定。但那些未缴税款就像压在心上的重担，让他无法安眠（更准确地说，是国税局压在他心上！）。

当我得知乔治的妻子艾丽斯是那种严格的人（也是完美主义者）时一点都不奇怪，她总是要求他把家里的一切都整理好。当艾丽斯让他把烤面包机、门框或别的什么修理好时，他的回答总是很标准："别担心，亲爱的。明天我会做。"当然，到了明天，烤面包机和其他东西还是没修好。

有这么多任务等着乔治去完成，他不知道先做哪一样才好，只好先去游泳池游泳。他知道自己遇到了麻烦，他希望我能帮助他。经过几次谈心，我让他正视自己的问题，一次只做一件事。他不得不承诺在星期一修面包机，在星期二修门框等。

我们约定了一个不容打破的原则：在一项工作没完成之前不能开始另一项。

这一直是帮助受挫的完美主义者摆脱拖沓困扰的方法。我知道这听起来很简单，却是最基本的，还可以考验拖沓的完美主义者有没有决心坚持到底。我对乔治说过：**雄伟的教堂是一砖一瓦垒起来的。**

完美主义者眼中容不得沙子

记得我的大姐莎莉吗？她多少有点完美主义。莎莉把她的生活打理得有板有眼，这里讲一个她的例子。

几年前，我买了一条 6 米长的滑水艇，把它运送到我们避暑别墅的所在地，纽约州北部肖托夸湖。我把它拴到码头上，像个孩子一样欣喜若狂，迫不及待地想要展示给我的大姐看。莎莉开车从附近的家里赶到了码头。

我没有开口说话，只是退到一旁微笑着等待她对这条新船的赞美。莎莉到船上看了看，第一句话既不是“真漂亮”也不是“太棒了”，而是脱口而出：“有脚印！”

脚印？她指的是什么？

我往滑水艇里面看了看，的确，栗色地毯上沾满了泥脚印。显然是我踩到一些泥巴，在上船的时候又把那些泥巴留在了地毯上。还好是莎莉，要换成其他人第一眼看到我的船就给我这么一个评价，我一定会冲他发火。我尽可能彬彬有礼地回答：“当然，莎莉，是有些脚印。除了脚印你还想说点什么吗？”然后，我弯下腰用手把泥巴擦掉。

姐姐和我相视大笑。我们都知道这是她的风格，作为一个完美主义老大，不管在什么情况下都能第一眼看到缺点。她并不是故意的。这只是她的本能反应，实际上她试着改变过。

正确对待完美主义

幸运的是，莎莉的完美主义更偏向激励自己不断进步，虽然她的确喜欢挑毛病。在某种程度上她还算不上沮丧型完美主义者。但是，一个完美主义者总是喜欢挑别人毛病，那么他离灰心和沮丧也就不远了，尤其是当他们在某方面失败以后。

我想要告诉那些完美主义者（通常是老大或独生子女），所有人在生活中都会经历失败。不管那个人多么有才华，多么聪明或者多么幸运，要想永远不失败的唯一办法就是躺在那儿什么也不干，但这种做法本身就是一种失败。一个完美主义者因为担心会把事情弄糟而什么都不敢做，这种情况经常发生。偶尔的失败对你的影响是大还是小，完全取决于你自己。你可以把失败看成是阻挡你前进的死敌，有它就没有你；你也可以把它视为老师，甚至是一种幸运，因为很多时候转过失败的弯就是通向成功的光明大道。

对于没有完美主义基因的老小，这一点说起来和做起来都比较容易。但对于不能容忍失败的老大或独生子女，要想战胜失败就得跟着我所说的认知训练一步一步来。

首先，你务必做到不要跟自己进行消极的对话。不要总想着：“我就知道会这样！这种事总是发生在我身上！”如果你发现自己有这种想法，立即停止，不要再顺着想下去。失败的原因是什么？第一步错在哪里？接二连三地又发生了什么错误？按你原来的想法是不是更好一些？下一次再碰到这种问题该怎么办？在你分析自己的错误的同时，你已经自然而然地吸收了其中的经验教训，找到了问题的解决之道。

当然，人一旦失败，就会心乱如麻，再加上受到来自配偶、其他家庭成员、老板、朋友，甚至是那个爱多管闲事的邻居的批评，很难头脑清醒地进行分析。要记住，**你没有义务去相信那些批评甚至谴责你的人说的话，最好连听都不要听。**

其次，如果你是一个老大，时刻提醒自己，你终其一生都忙着达到别人的标准和要求，可能从来没有停下来好好想一想，自己想要的究竟是什么样的生活。当你把别人的期望当成自己的目标，自然就会相信那个人的话。如果世界上最著名的那些人早年听信了别人对他们的批评，恐怕早就沦落成籍籍无名的小人物了。

这种例子俯拾皆是。路易斯·巴斯德在化学课上不是尖子生；出版商告诉赞恩·格雷他永远不会成为作家；托马斯·爱迪生的老师说他是缺根筋的砖块，还把他赶出了学校，他妈妈不得不在家自己教他；还有那个叫贝多芬的，他的老师称他是“没有希望的傻瓜”。

有很多这样的人向我咨询，有时我会把他们叫作“生活负疚者”，他们常犯的错误包括：

- 对自己犯过的错误念念不忘
- 受孩子的影响过大

- 明明是他人的过失，自己却要承担责任
- 向抑郁低头
- 觉得自己活该受罪
- 过于在乎别人的评价
- 宁愿受罪也不愿采取行动来改变现状

06

摆脱完美主义的方法

通过阅读上一章，你已经了解到完美主义并不是一种健康的生活方式。你可能会发现自己身上也有某些完美主义的特点，也许正担心自己会碰到什么麻烦，于是战战兢兢，如履薄冰。

先恭喜你了！你已经迈出了改变自己，走向健康生活的第一步，你还可以顺便帮助一下你的朋友。沮丧型完美主义者往往都固执己见，自以为是，他说一别人绝不能说二。这种人一开口会发生什么事呢？旁边的人要是正在吃饭，恨不得把脸埋进碗里，其他人恨不能找个地缝躲起来，就连他的敌人都不愿意跟他多浪费口舌。

除非你能改变你的完美主义态度，否则就算让你闭上嘴也不会有什么真正的改变。不信你试一下忍着不说话，用不了多久你就病倒了。完美主义会引起人的焦躁，不管这种焦躁是有意识的还是无意识的，都需要一个发泄的出口，否则引起抑郁会直接影响身体健康。这就是为什么许多老大和独生子女去看心理医生的时候，对医生最先说的是身体不舒服，偏头痛、肠胃不适或背痛等。

我承认，并不是所有的完美主义者都会有严重的身体和心理问题。一些完美主义者表面看起来没有一点问题，但在优雅、看似完美的外表掩盖下，这些人通常都会为了自己的地位而惶恐不安，终日烦恼焦躁，也许还总是想着："为什么我要一遍又一遍地做这些自己不想干的事情？"不管你的完美主义程度是深是浅，我敢说它对你都是一种负担和压力。而且我在咨询过程中碰到过好几百个完美主义者，我知道怎样帮助你控制完美主义，把它向好的方向转变。

完美主义与不断进步之间的巨大差异

当然，很多完美主义者可能会很不以为然地说："行，你说说我该怎么解决我的完美主义？争取做个平庸和失败的人吗？"

当然不是。关键是要明白无望地追求完美和适当地不断进步之间的差别。以下是一个小测验，我把一些问题放在一起，每个问题有两个选项，用来区分追求完美和不断进步。阅读每一对选项，在你认为是追求进步的选项上标 E，在追求完美的选项上标 P。

1. 我的目标是第一。____
   我努力尽我所能。____
2. 重要的是最终结果，其他的都是空话。____
   我尽了自己的最大努力，无论发生什么事情，我都问心无愧。____
3. 就算我知道我有能力，做不成又有什么用呢？____
   这次教训真够受的，不过我能应付。____
4. 我搞砸了！我怎么能让这种事发生？____

真倒霉！但我知道错在什么地方。下一次……____

5. 如果我再犯同样的错误怎么办？如果有些事我控制不了怎么办？别人会笑话我的。____

   终于让我逮着机会了，这回我一定会证明自己的。____

6. 我是为了获胜才做的，谁会在乎第二名是谁。____

   我努力做到最好，只要尽力我就很高兴了。____

7. 他们怎么能那么说？他们不知道我在这个项目上忙活多长时间了吗？____

   他们可能是正确的。虽然我不乐意听，但也许他们说得有道理。____

8. 不要自欺欺人，因为我有用他们才喜欢我的。____

   每个人都想要取胜，但这只是游戏，最重要的是享受过程。____

不难看出，第一个选项都是完美主义者，第二个选项都是不断进步者。我们可以从 8 个方面来分析这两者的区别。

1. 那些追求完美的人往往是心有余而力不足，他们总是设定一些不可能实现的目标。不断进步者也设定目标，他们的标准也很高，但是这些目标在他们能力范围之内。

2. 完美主义者把他们所取得的成就视为自身的价值，他们做事情不是出于自己的愿望。而不断进步者把自己的存在看成是最高的价值。

3. 完美主义者很容易因为失望而感到沮丧，如果不能成功就彻底放弃。他们认为如果不能达到完美，一切还有什么意义呢？不断进步者也会因为挫折而感到失望，但他们不会放弃，他们不断朝着目标前进。

4. 完美主义者把失败看成是最可怕的事情，一旦失败就一蹶不振。不断进步者总会在失败和错误中吸取经验教训，因此他们能在未来做得更好。

5. 完美主义者沉浸在失败的伤痛中不能自拔，自怨自艾，他们觉得别人永远会记得他们丢脸的一幕，时不时往他们伤口上撒盐。不断进步者很快改正错误，然后丢掉包袱，不给未来留下阴影。

6. 完美主义者只为得到第一名而战。不断进步者在努力奋斗的过程中，不忘享受自己的人生。

7. 完美主义者恐惧和憎恨批评，不能避免就假装看不见。不断进步者当然也不喜欢批评，但对于能够帮助他们改进的意见总是虚心接受。

8. 完美主义者认为自己必须成功，否则他们辛苦树立的高大形象就会毁于一旦。不断进步者成为第二、第三甚至更低也没有关系，他们依然潇洒自如。

通过不断进步来抑制完美主义

以下是我在实际指导完美主义者的过程中积累的一些有用建议。

1. 重视完美主义。完美主义不是小小的“心理问题”，它是你的死敌。我把它称为慢性自杀，绝对不是开玩笑。

完美主义者总是力图避免批评或失败，他们认为这两者完全不能接受。我给出的建议是：要知道人无完人，大家过去、现在都曾失败过。没有成功不要紧，只要分析一下情况。没有达到你的预期，最坏的结果是什么？也许你只需要稍微调整一下自己的目标，让它更切合实际。记住，就算是进入名人堂的棒球联盟球员，有很多也都是从一次次失败中爬起来的。换句话说，名人堂就是他们用一个个 300 分堆起来的。

一个好的击球手至少要击出 300 分——如果用力太小就跑不回本垒，如果用力过猛又可能被对方的游击手封杀，他还有可能被二垒手追杀。相反，他迅速整装待发，告诉他自己，下一次，我一定能击球得分。无论你正在做什么，道理是一样的：尽全力击出你的球，然后不论是什么结果，问心无愧就好了……或者我们可以这样说：**真正的生活赢家会坦然面对自己的失利，即使这次被判出局，下次他们一定会扳回来，不断挥舞着球棒，全力出击。**

2. 认识到你对完美的这种渴求几乎是无法实现的。你的这种思维方式也是极为不合理的。既然你永远不可能达到完美，为什么不接受自己不完美的样子。早上起来对自己说，今天要做个不完美的人。每天都这样做一次。

3. 有意识地不要去批评自己和别人。要学会宽以待人。倘若你实在忍不住要给别人提意见，尽量对事不对人，不过做到这点并不容易。一个好办法就是不要说“你应该这样做”或者是“你应该那样做”，而是实事求是地说发生的事情。对别人说：“你真的做到了，干得真棒！”效果会截然不同。当你放过别人的同时，你也学会了放过自己！

许多完美主义者的愤怒都是自我导向型的，这就可以解释为什么他们会把自己批评得一无是处。如果在接受任务之前就做好了可能会犯错的心理准备，提醒自己每个人都有失误的可能，后来就不会那么自责了。

4. 鼓足勇气大声地承认："我错了！"这可能是所有的完美主义者最难说出来的一句话了，因为你打心底里就不能接受"弄错了""不怎么样""不完美"这样的想法。在你努力学说"我错了"的同时，还要学说另两个对你来说更加困难的句子："对不起！""你会原谅我吗？"

这三句话一共有 12 个字，也许对哪个排行的人来说这 12 个字都是很难接受的，更不用说老大了。如果你把完美主义当成自己的目标，要你接受它们很困难。这无疑是承认自己失败了，让完美主义者承认失败还不如杀了他们。但是承认自己的错误，会让你变得更加平易近人。

5. 让自己的脸皮再厚一些。完美主义者都很敏感，这是他们骨子里面的东西，可以一点一点地改变，但别想一夜之间就能摆脱它。相反地，不管是针对他人还是自己，一旦你发觉自己有些神经过敏，说起话来咄咄逼人，不妨停下来多观察。

如此一来，你会少做很多让自己后悔的事。一天结束后，再回头看看，你也许会说："不就是忘了打个电话或发个邮件嘛！虽然很重要，但我也不必那么沮丧。"就算只是意识到不必为了某些事情而不开心，也是一种进步。

我经常告诉神经敏感的完美主义者，一定要善待自己。就像染发广告所说的那样，"你值得拥有"。但完美主义者很难相信这一点。我的一个客户有一个习惯，去当地百货公司买完新衣服后，没过几天又把它退回去了。这个女人是一个极端沮丧型完美主义者，她买完东西又退回去的理由是这些东西"不大合适"。我告诉她，不是这些东西不合适，而是她觉得自己不配拥有它们，因为她没有达到她的完美标准。

我们要弄清楚两个问题：①她的确需要新衣服；②她需要明白她完全可以购

买并拥有新衣服。总是挑衣服的毛病，只是为了掩盖她认为自己不配穿新衣服的想法。

最后我们终于有所突破。她给自己买了件连衣裙，没再退回去。接着她又拥有了一件新毛衣。后来她丈夫打电话来跟我抱怨，说他赚的钱都花在他妻子的新衣服上了，我知道她已经摆脱了困境。

6. 细致地品味生活，或者说，你不能一口吃个大胖子。眼高手低，喜欢设置一些达不到的目标是完美主义者最常碰到的问题。所以，每次只专心完成一件事情，做完一件再去做另一件。事情总有个轻重缓急，给重要事情留出充足的时间（完美主义者常犯的一个毛病就是喜欢把事情堆到一起做，还总以为自己能干完）。

7. 不要对自己期望过高。完美主义者总是会抱有一些不现实的期望，也许你觉着这种方法会让你更加努力，不过我把它称为“负激励”。曾经有一个职业棒球投手来找过我，他是一个极端的完美主义者。只要他设定一个大目标，通常就会把球打出界，但是如果他设一个小目标，比如说三个球和一个击打，反倒常常能实现。

跟我见了几次面后，他转到了其他球队。有一天，他所在的球队在一个地方打比赛，我正好也在那个城市，就去了比赛现场。他见到我很惊喜，还告诉我在这个赛季他赢了五场，没有任何失误，我为他感到高兴。

“不要担心，医生，”他微笑着说，“我从来没有忘记你对我说的话。每次我走到投球手区，就告诉自己：‘谁知道今天我会出什么岔子。’”

这种话听起来有些疯狂，但对于极端的完美主义者很奏效。这可以帮助他认识到，他总会有失败的一天。一旦他承认这一点，就能放松自己，发挥潜力。

8. 善于说“不”。如果你是一个急于得到别人认同的老大或独生子女，这一点尤其重要。很多时候完美主义者心里想说“不”，嘴里说的却是“是”，这种情况让他们很困扰。无法顺利地拒绝别人，加重了完美主义者的挫败感。

但如果你不能说“不”，你永远无法对生活说“是”。换句话说，你无法拥有自己的生活，因为很多人想要占你的便宜，把你忙到晕头转向。我在这里不是说你朋友甚至敌人的坏话，向你提出不合理要求的人往往正是你自己的家人。当然，对丈夫、孩子，或者爸爸、妈妈，很难开口说出“不，我不能做那个”，或者语气更重一些：“不，我真的不想这样做，那不是该我干的。”

如果你能学会以一种非常礼貌温和的方式说“不”，就会有神奇的事情发生。头痛和胃部毛病不再找上你，人们也不会整天围着你，想占你的便宜。

9. 努力成为一个乐观主义者。正如众所周知的半杯水理论，完美主义者看见的通常是空了半杯。我们要改变这种悲观的看法，要看到是满了半杯。积极思考可以说是地球上最为强大的心理动力之一。因此，让我们用最简单的方法来开始改变吧。仔细思考一下有哪些事让你感动。更重要的是，想一想你会感激哪些人，为什么。

当你忍不住去想今天犯了什么错时，也要试着想一想你今天做对了的事，至少要想出三件。如果你想不出今天有什么好事，就想想前两天的，或者未来几天或一周内会发生什么高兴事。关键是要着眼于好事，而不是坏事。

10. 换一下自我对话的内容。下面就是一些变消极自我对话为积极自我对话的例子：

不要说：“我讨厌参加员工会议。”

而要说：“虽然我对参加员工会议不感兴趣，但在会上可以学到一些东西，它还是很值得期待的。”

不要说：“我不要这样做，看起来跟个傻瓜似的。”

而要说：“我能行，没什么可怕的，别人才不会在意我呢。”

不要想：“我不能在一群人面前讲话。”

而要想：“虽然我不喜欢对着一群人说话，但我已经准备好了，再说这次真的很重要。”[1]

积极的自我对话是处理信心不足或不愉快行之有效的工具。与其老是想着自己的缺点，还不如把你的长处列一个表，时时提醒自己。至于你的缺点，不断告诉自己，不完美的人更容易跟人相处。

11. 摆脱怨恨。怨恨是一个沉重的负担，只能白白消耗你的精力。每个人都会犯错误，但生活仍然要继续，所以为什么要把时间和精力浪费在怨恨上？

12. 不要失去生活的激情。在辅导成年人的过程中，我最喜欢的是让他们回忆 5～10 岁的童年时光。他们也许只记得一些模糊的片段或场景，但这些细小的片段并不是没有意义的，否则就不会停留在他们记忆中这么多年。阿德勒个体心理学派有部分学说，讲的就是早期的童年记忆决定一个人成年之后对世界的看法，无论童年记忆是好是坏。

我记得一个 20 多岁的客户来找我，我让他讲一下自己的童年。他提到，有一次他望向窗外，看着别的男孩在大风中放风筝。看起来，他自从有记忆以来，总是站在一旁看着别人玩得开心。直到现在，他大部分时间还是在生活中冷眼旁观，做什么都没有激情，虽然他在多个领域都很有天赋。他总是希望自己能像其他人一样，感受生活、参与生活、取得成功。

当然，你已经猜到了这个年轻人的排行。他是家中的老大，你可能也已经猜到了他父母的样子——完美主义，刻板严厉。这个人之所以缺乏自信，不敢尝试任何事情，原因显而易见，他的父母已经在童年剥夺了他对生活的激情。

并不是所有老大和独生子女都有着和这个年轻人一样的遭遇。要想知道老大或独生子女是怎样变成沮丧型完美主义者的，他就是一个活生生的例子。他们有这么多的优势：雄心勃勃，注意力高度集中，出色的组织能力，具有高度计划性，创造力强，精确细致，记忆力强。他们通常都有担任领导的潜质，这是其他排行的人所望尘莫及的。

但这些优势并不是一种保障，一旦失去平衡，反而会成为自己完美主义的牺牲品。完美主义者要持续不断地努力，对自己和他人更开放、宽容、耐心一些。这件事不是在周末听一两次讲座或读一两本书就能解决的。

然而，通过多年的努力，任何一个老大或独生子女都会变得成熟。记住下面这句话：**我必须学会对自己和他人有耐心。**

07

我行我素，但积极进取的独生子女

独生子女喜欢挑刺，自我为中心倾向比较严重。毕竟，家里只有一个孩子，从小到大都没有人来跟他争夺父母的宠爱。这种独特性既有好处又有坏处。好处是，它让独生子女更加自信，善于表达。坏处是，由于独生子女没有兄弟姐妹，他们也无从知道怎样处理与兄弟姐妹之间的关系。独生子女不必拿自己的东西和兄弟姐妹分享，也不用时不时地委曲求全。就算养成以自我为中心的性格也是很自然的，关键看父母是怎样教育的。然而自信的外壳下也可能隐藏着自卑、叛逆，渴望证明自己。听起来像是沮丧型完美主义者的特征。

独生子女过去常常受到舆论批评

人们对独生子女的印象很糟糕。一项对大学生的调查显示，大家对独生子女的印象都是以自我为中心，喜欢被人关注，郁郁寡欢，不如有兄弟姐妹的人招人喜欢。[1] 这项调查是 20 世纪 70 年代做的，似乎正好印证了早在 20 世纪 20 年代阿尔弗雷德·阿德勒对独生子女的定位。他是“排行心理学”研究领域的先驱，独生子女是他研究的重点对象。阿德勒在他一本重要著作中，对独生子女评价颇低：“独生子女没办法独立生活，迟早会变成一个没用的人。”[2]

虽然他是我们这行的开山鼻祖，但对他的这一论断，我不敢苟同。他把所有独生子女都一棒子打死，显然不符合事实。

至于阿德勒究竟如何得出这个结论的，就很难说了。也许他一整天都在和一个或者几个独生子女周旋。不管发生了什么，都不该说出这样毫无根据、以偏概全的话来。兴许本来能出类拔萃的人，因为这句话就泯然众人矣。

按阿德勒的观点，独生子女就一定是不能独立生活，一无是处的人，那他如何解释美国总统杰拉尔德·福特和富兰克林·罗斯福呢？罗斯福可是唯一一位当过四届总统的人。还有非凡的魔术师大卫·科波菲尔、金牌主持人特德·科佩尔（Ted Koppel）、著名影星波姬·小丝（Brooke Shields）以及美国橄榄球传奇四分卫乔·蒙塔纳（Joe Montana）……这么多的例外又将如何解释呢？

其他对世界做出重大贡献的独生子女还有达·芬奇、查尔斯·林白、英迪拉·甘地夫人和艾萨克·牛顿。

放眼商业世界，我们首先会想到的是罗伯特·艾伦（Robert Allen），前美国电话电报公司（AT&T）的 CEO；卡尔·伊卡恩（Carl lcahn），一些大型企业收购案的幕后推手；还有被誉为“石油先知”的对冲基金创始人布恩·皮肯斯（T. Boone Pickens）。

令我钦佩的独生子女

在一次电视访谈节目中，我第一次遇到了布恩·皮肯斯。那次我们都是去宣传自己的新书。等着节目开始的时候，他看见我手里拿的书。

“出生排行是什么?”布恩想知道。

从刚刚走进来，我就在观察布恩，想猜出他的排行：“这样说吧，你可能是独生子，对吧?”

布恩非常奇怪地看着我说：“是啊！你怎么知道？我们之前见过面吗?”

“我是一名心理学家，工作就是研究排行的。”

我们开始谈论排行理论，作为一个典型的独子，布恩总是能捕捉到那些最重要的信息。布恩是与妻子比亚一起来的，同行的还有其他几个人，但那天发生了一件此前从未发生过的事。布恩先录的节目，在现场录完 6 分钟后，他的同伴都站起来，准备乘他的豪华轿车去机场。但是布恩突然说：“大家都坐下。莱曼博士下面要录节目，让我们了解一下什么是排行吧。”

我那部分录完之后，布恩说的几句话让我记忆犹新。“排行理论确实有道理。大企业最好注意一下每个员工的排行，至少我会放在心上——尤其是在组织内部分配某些工作时。”

不用说，和布恩的偶遇让我一连高兴了好几天。不过几分钟时间，他就抓住了多年来我一直想告诉人们的东西。布恩能够看到：你首先必须把自己了解清楚……[3]布恩和阿德勒没能见上一面，顺便探讨一下独生子女注定一无是处的人生，真是太可惜了。

简单来说，仅凭道听途说，或者看到的一点东西，就断定某个排行的人都是什么样的，多半会得出错误的结论。的确有些独生子女被宠坏了，表现得自私、懒惰、冷漠，甚至光想着依靠别人。不过，这样的人不都是独生子女，我见过的中间孩子也有这样的，老小里面就更多了。

虽然我是老小，但世上我最佩服的人里面就有几个是独生子女。特德·科佩尔（Ted Koppel）就是其中之一，他是《夜线》（*Nightline*）的主持人，主持风格简洁明了，一语中的。我认为科佩尔做的电视访谈节目至今都无人能超越；我也十分推崇幽默作家兼作曲家史蒂夫·艾伦（Steve Allen），他创作出过很多优秀曲目；还有迪克·卡维特（Dick Cavett），另一个机智幽默的优秀脱口秀主持人。引领美国心理学发展的詹姆斯·多布森（James Dobson）博士也是我认识并崇拜多年的一个人。他的节目，让你永远挑不出一个错误。独生子女坚决不允许自己犯错！

我当然不会忘记提查尔斯·吉布森（Charles Gibson），《早安，美国》（*Good Morning, America*）的前任主持人，我经常以"家庭心理顾问"的身份出现在节目里。[4]吉布森有时是一本正经的"查尔斯"，有时是活泼的"查理"（Charlie，Charles 的昵称），这就很容易理解为什么他总是有些犹豫不决。从排行上来看，他是家里的老小，这也是查尔斯为人随和，令人愉快的原因。他的兄姐都比他大 10 岁以上，可以说他一生下来就跟独生子差不多。查尔斯总是从容不迫，有大将之风，可能就是源于这一点。

了解独生子女的关键

我还可以继续列举独生子女中的名人，但有一些问题我需要停下来说一说：①过去各种各样对独生子女的批评都来自哪里？②独生子女的缺点是什么？**要了解独生子女，关键要知道他们家为什么只要了一个孩子。**有两个重要原因，无论哪一个都在很大程度上决定了独生子女的命运。

娇宝宝

你可能是一个“娇宝宝”独生子女，意思就是你的父母原本想要更多的孩子，出于种种原因只能要你一个，所以他们把所有的精力都投入你身上（伴随着某种程度上的溺爱）。如果你是一个“娇宝宝”，在父母的庇护下，早年你可能根本接触不到社会现实，以至于独生子女妄自尊大的毛病在你身上毕现无遗。成年之后，以自我为中心这个问题可能会伴随你一生，而你不得不去面对，因为想要打破长期在父母身边形成的性格实在太困难了。“娇宝宝”出生时父母一般年纪都不小了，对这个孩子可以说视若珍宝。

我想告诉娇宝宝们的是，不要把以自我为中心这个问题视为豺狼虎豹。要知道，从小就没有兄弟姐妹跟他们分享东西，就算把自己看得过于重要也是很自然的。成年的独生子女需要平衡两个极端：一是认为自己真的比别人都重要；二是觉得事情只要一到自己手里，别人就会故意为难。

父母的计划

成为独生子女的另一个原因可能是，父母本来就打算只要一个。在 20 世纪 60 年代后期，我刚开始从事心理咨询，那时候计划内的独生子女往往成为安排周密、纪律严谨的父母的牺牲品。他们从小像对待大人一样对待他们的独生子女，总是要求他们像成人一样成熟可靠，有责任感。这种独生子女往往表现得很自信，表面上波澜不惊，内心却暗流汹涌。你可能一直以来都在怨恨成为一个“小大人”，成年之后，会希望（或者已经）以某种方式来放纵自己。

在 20 世纪 80 年代后期和整个 90 年代，家庭规模变得越来越小，许多家长选择只要一个孩子，这时候独生子女的压力不像从前那么大了。得益于父母更加合理的教养方式，他们往往能成为有良好判断力，性格开朗、个性积极、自尊自信的人。美国人口普查局的数据显示，1980—1990 年生育年龄即将结束的女性当中，只有一个孩子的比从前增加了 76%。这个消息让我意识到，这些家庭很可能不会再要更多的孩子，也就是说，只要一个孩子是在他们计划之内的。[5]

在得克萨斯大学奥斯汀分校任教的一位社会心理学家说：“人们对独生子女自私和孤僻的看法，实在是言过其实了。”[6] 对独生子女较客观的看法是，他们积极主动，自尊但不自负。很多时候，在一些独生子女身上看不到一点孤僻。[7]

独生子女的完美主义

无论是娇宝宝还是计划内独生子女，长大后都非常有可能成为极度完美主义者。他们希望凡事都按自己的想法进行，稍有不如意，就会感到沮丧，坐立不安，甚至愤愤不平。对那些不能达到他们标准的人，他们会很不耐烦，甚至无法容忍。独生子女经常暗地里（有时毫不掩饰）觉得事情如果让他们来做，肯定会做得更好。

我在办公室里见到最多的性格类型之一就是“沮丧型完美主义者”，这群人都认为自己应该是完美的。他们做事非常有条理，对自己和他人抱有很大的期望。独生子女当中这个问题最为严重，老大们紧随其后。

为什么会产生沮丧的完美主义，什么样的人会成为沮丧型完美主义者都是不确定的，但我见到最多的一种是，总想拯救别人的女人。她们为别人的问题感到忧心忡忡，总是恨不能插手把这事揽过来，把所有问题都解决了。我把这称为“护士心态”，抱有这种心态的通常是家里的独生子女或老大，这并不是一种巧合。

一旦判断我面对的客户是一个沮丧型完美主义者，就会让他们做一个小练习比较一下“理想自我”与“真实自我”。换句话说，我希望他能对比一下他们想呈现给别人的样子（理想），和他们认为自己实际的样子（真实）。表 7–1 是 42 岁的凯瑟琳对这份练习的完整回答，向我们充分展示了沮丧型完美主义者是什么样子的。

表 7-1 凯瑟琳的真实 / 理想练习

理想凯瑟琳	真实凯瑟琳
条理清晰，效率高	比较混乱，效率低
愉快开朗	消极，脾气暴躁
善于鼓励，能给周围的人带个好头	吹毛求疵，总是打击别人
知道什么时候该做什么，量力而行	在不合适的时间做不合适的事，无法完成任务
把屋子收拾好	总是慢半拍
很快处理好家里的事	不能让家人齐心协力，自己孤军奋战
精力充沛，热情洋溢	总是提不起兴致，强迫自己做事

续表

理想凯瑟琳	真实凯瑟琳
有女人味，有吸引力	疲倦、机械
对爱有切合实际的期望	有不切实际的浪漫，希望丈夫能像结婚以前一样
心善而貌美	内心充满愤怒
不管别人怎么想，自己都很自信	总想知道别人的看法
朝着目标一步步前进	拖拖拉拉，不到最后一分钟绝对完不成
完成所有工作	有许多未完成的工作
衣柜里整整齐齐	乱得一团糟，分不清什么是什么
说话简洁而中肯	说话没有重点

凯瑟琳描述得很详尽，要是我不阻止，她可以一直说个不停！对我这样一个没什么完美概念的老小来说，这何止详尽，简直是令人精疲力尽！上面的列表所显示的是我见过的最为彻底的理想与现实之间的差距。另外，我也料想到了，凯瑟琳确实是一个十足的沮丧型完美主义者。她完全知道自己是个什么样的人，但她就是没办法控制。

我给了她一个建议，下次她再有什么沮丧的想法时，脱下高跟鞋对着自己的脑袋砸几下。“我敢肯定你听说过畅销书《如何做自己最好的朋友》(*How to Be Your Own Best Friend*),”我调侃她说：“凯瑟琳，你就编一本‘如何做自己最大的敌人’吧！你肯定能手到擒来！”

凯瑟琳陷在沮丧的完美主义的泥潭里怎么都出不来，就连我话里的玩笑都听不出来。我接着解释说，她最大的敌人其实是自己，因为她放任几个敌人控制她的思想。她首先要明白，通过比较“理想”与“真实”，可以让她找到沮丧的完美主义人格的症结。理想主义是凯瑟琳的敌人之一，促使她设定一些极难达到的目标。当不能达到这些目标，对真实自我的期望会让她感到自己一无是处。她当然不会像自己描述的“真实凯瑟琳”那么糟，但是困在完美主义牢笼里，她觉得自己就是那样的。

凯瑟琳的父亲总是挑她的毛病

凯瑟琳的牢笼多半是在父母的教养中建立起来的。你可能已经猜到了，凯瑟琳是独生子女，从小就生活在父亲冷漠的面孔下，得不到任何夸奖。事实上，他对挑女儿的毛病实在是太在行了。凯瑟琳一直觉得不管她怎么努力都得不到父亲的认可。

比如，她在 13 岁的时候，独自一人建起了一圈砖墙，正好把家后面围起来形成了一个小小的天井。这对任何人都是一项大工程，对一个 13 岁的孩子几乎是难以想象的。但是她成功地完成了，而且比预想中要好得多。大家看了她的工程无不啧啧称奇，除了她的父亲。

父亲出差回来看到这堵墙，一下子就恼了。在他眼里，凯瑟琳所做的一切都是错的，他看不到她的任何优点。

有这么个父亲已经够倒霉了，在和拉斯结婚之后，她在完美主义的无底深渊中越陷越深。拉斯很聪明，工作出色，而且很成功。可是，他是一个老大，非常没有安全感，总觉得自己做得不够好。喜欢批评别人，同时不希望和任何人产生矛盾。这样一来，虽然他不赞同凯瑟琳的做法却从来不说什么，两个人之间基本上没什么沟通。

因此拉斯绝对算不上称职，他给不了凯瑟琳真正需要的东西：一个可以分享思考和感情的亲密丈夫。凯瑟琳对丈夫的期望很高，而拉斯远远不能满足她的愿望。但是她不但不会去怪罪拉斯，反而会寻找自身的错误，把罪名都归到自己头上。这也算一个长处吧！

作为辅导计划的一部分，我把拉斯带进办公室，以帮助他学习如何表达自己的感情。第一次他单独与我见面，后来则同凯瑟琳一起。他逐渐认识到自己的感情其实很丰富，只是不知道怎样表达出来。当他们终于能彼此坦陈自己的想法时，很多事情迎刃而解。

他们都了解到一点，拉斯喜欢控制一切，而凯瑟琳则喜欢取悦别人。拉斯不愿表达感情，有部分原因是害怕把自己的感受告诉妻子后会遭到拒绝。这是一些控制者的普遍心理，害怕被拒绝所以干脆不说，让他们坦白可真不容易！

另外，作为取悦者的凯瑟琳不会拒绝任何人，总是尽量满足大家的所有要求，除了她自己，其他人都是第一位的。不过值得高兴的是，这一点歪打正着地帮助凯瑟琳和拉斯发现双方的性格正好互补，可以用自己的方式去爱对方。

由于凯萨琳的取悦倾向比较严重，治疗过程中有一个重要的部分就是让她认清这个世界——她骨子里就无法拒绝别人，这点连她自己也无法控制。我不得不让她签下协议书，同意把那些杂七杂八的事情从生活中去除掉，想让她做到这一点太难了。凯瑟琳在教会中非常活跃，曾担任主日学校教师，参加了所有可能参加的教会活动。此外，她让两个孩子在家上学，每周还有 24 小时的兼职工作要做！

当然不可能有人可以同时把这么多事情做得尽善尽美。凯瑟琳连给自己的时间都没有，更别提给拉斯时间了。正是这种做事方式，把她逼到了崩溃的边缘。这时候她来找我了。

我让她同意放弃在家里教孩子，辞去兼职工作。我还建议她把教会工作放弃一部分，她一个人干了好几个人的工作。让凯瑟琳辞去教会的工作非常困难，信仰对她来说太重要了。不过，我试着引导她这么想，如果她真的想为上帝服务，就应该从把她的丈夫和家庭打理好开始。我还劝她要对自己好一些。

独生子女都比较遵从指示，这点帮了她大忙，凯瑟琳成了我这里治疗效果最明显的客户之一。在所有的变化当中，最显著的是，她周围的那些人不再总缠着她，面对那些总是拿“我知道你很忙，但是除了你，我实在找不出有谁能帮我的忙了”为借口来寻求她帮助的人，她学会了拒绝。

要不是找到了我帮忙，阿尔弗雷德·阿德勒的论断差一点要在凯瑟琳身上应验了。尽管阿德勒对独生子女的看法如此消极，我的这个客户，一个独生女，却应验了他的另一个论断：在家里排行老几并不重要，特定的排行只意味着你是在哪种大环境下成长的。作为一个成年人，你可以认识到自己的特点并通过实际行动来扬长避短。[8]

埃德温是怎样摆脱烦恼的

再讲一个成功转变的故事，很高兴其中也许有几分我的功劳，他就是超级完美主义独生子埃德温。

埃德温读了本书第一版之后，写信给我，感谢我让他明白了他为什么是一个完美主义独生子：他花了很大的力气让所有的东西看起来色调一致，甚至不同颜色的衬衫也要挂在不同颜色的衣架上；杂乱的办公桌上，文件丢得到处都是，但不出一分钟他就能找到他想要的东西。后来我在回信中问他我能不能把他的一些想法写进一本新书里，当时我打算写一写排行理论在商业范围内的应用。好几个月都没有音信，他大概太忙了或者已经忘了，所以我又给他写了一封信说明我的想法。

大约两个星期后，埃德温给我回信，解释说最近有一大堆的工作压下来，忙得他这个副总喘不过气来。他把我的头一封信放到文件夹里保存起来了，第二封信放在沙发边上随时提醒他。

坦白说，我没抱太大希望。很明显，埃德温一干起事来，什么都忘了，在生活中仍然会答应很多他无法办到的事。他似乎很享受这些压力，完美主义者往往一开始都是精力充沛，直到精力耗尽。不过，看得出埃德温正在一点点进步。

后来证明，埃德温仍然没有改掉完美主义者拖沓的习惯。他对我提的几个问题做了答复，其中有个问题是："你是副总裁，你如何看待完美主义给你的工作带来的好处和坏处呢？"他的回答见解独到：

> 完美主义敦促你把工作完成得尽善尽美，因为通过高质量的工作你可以迅速建立很好的声誉。当老板有一个特别重要的任务，会让谁去做呢？准确地说，根据以往的经验，谁最能胜任就派谁去……
>
> 还记得刚开始工作不久，上级给我派了很多工作。在工作日的 8 小时内根本做不完，私底下加了很多班。因为这件事还让同事颇有微词。我觉得加点班也没什么，只想尽可能地把工作做到最好。老实说，我甚至从未想过通过加班赶工来换取升职加薪（这是后来的意外收获）。我

只是想在我力所能及的范围内，把工作做到最好。

但是完美主义的确有坏处，因为你会要求同事和你一样，凡事都做到最好。有时，可能会引起别人的不满。曾经有一段时间，我一看到别人没有全力以赴，就感到失望和沮丧。现在我认识到，出于种种原因，并不是所有人都会这么想的。

我还问到，是不是觉得有必要把凌乱办公桌和沙发整理一下，埃德温说：

在读这本书之前，我觉得办公桌这辈子都得这么乱了。白天不停地处理项目，这份文件压着那份文件，拼命想让工作进程保持不间断，哪里抽得出时间停下来把文件整理好。

不过，现在看来，这只是我的防御机制，好让别人以为我不是一个完美主义者。这样别人就不会说我什么了。你也知道，独生子女不希望受到任何批评，哪怕让人说成完美主义者也不行！读了这本书，桌子上凌乱的状况已经改善不少了。

埃德温一直与完美主义做斗争，但除了改善他那“凌乱的办公桌”，他也在其他方面做出了努力。做完美主义测验时，埃德温的得分有 20 多分，这意味着他离极端完美主义者不远了，但是做完美主义和不断进步的对比练习时，他表示自己十分清楚二者之间的差异，而他的想法比较接近不断进步。他告诉我：

我追求的是不断进步，而不是完美。二者有很大的区别。我朝着进步的方向努力，也知道完美就是没有任何瑕疵。

比方说，我们正在策划一起收购方案，准备时间很短。我为收购团队做出的“简报”，会彻底而全面覆盖所有的调查和实际情况，但是做不到尽善尽美。里面可能还有我亲手绘制的图表，虽然是在电脑上生成的，但确实不怎么美观。在一些细节上可能不够严谨，但信息绝对准确、全面、及时。这份报告会很优秀，但绝对称不上完美。

埃德温信中的最后一行清楚地告诉我，他摆脱了完美主义的困扰。他允许自己做一份不太完美的报告，中间有一两个错字，甚至还有手工绘制的图表，但是仍然称得上优秀，该有的内容一点都没落下。埃德温终于看开了，他的目标是把工作做到最好，可能标准会比较高，但不是让每个工作都成为见证他光辉的完美主义的纪念碑。

倘若我经营的公司再大点儿，碰到像埃德温这么有能力的人，我会毫不迟疑地聘请他。埃德温到任何一个公司做副总裁，甚至做 CEO 都是那个公司的幸运，他在工作方面总是尽自己最大的努力，现在又一直努力克服完美主义，和不完美的同事和谐相处，变得越来越善解人意了。[9]

我想给所有完美主义者，尤其是独生子女的一条建议就是：**降低你对生活的期望。**

独生子女的优点和缺点

表 7–2 列出了独生子女的典型特征。看看每种特征，判断一下该特征是优点还是缺点。如果它是一个缺点，你能进行怎样的改进？如果它是一个优点，你怎样更好地利用这一优点，把它发扬光大？

表 7-2 独生子女的典型特点

典型特点	优点	缺点
自信，胸有成竹	相信自己的看法，果断做出决定	从小被父母当成“娇宝宝”，以自我为中心
完美主义	有合作精神，容易相处，有良好的团队精神	吹毛求疵；永不知足；担心自己的工作做得不够好而拖拖拉拉
有条不紊	做事情毫厘不差；不做没有把握的事，喜欢掌控全局；准时，按部就班	太顾虑秩序、过程和规则，该灵活的时候不灵活；对没有条理的人不耐烦；不喜欢惊喜
干劲十足	雄心勃勃，进取心强，精力充沛，愿意为成功做出牺牲	给自己和同事制造太多的紧迫感和压力
井井有条	制定目标并作出实际行动；总希望每天比别人更勤奋，不给自己留任何空闲	可能会陷入困境，每天忙于完成清单上的工作
逻辑性强	被称为直线思想家；基本不会失控或轻率行事	总是认为自己是正确的，不在乎别人的看法
勤奋好学	喜欢读书和收集信息，想法透彻，善于解决问题	因为花费在搜集材料上的时间太多而耽误了其他事情；该幽默的时候不会幽默

● 诚实地面对独生子女的特性

The Birth Order Book

1. 我是不是正学着做事情要一点一点来，不要对自己有太高的期望？最近我这么做过吗？
2. 我在日程表上给自己留的时间充足吗？怎么判断这一点？
3. 我是不是正在跟其他年龄段的人交朋友，而不只是局限于自己这个年龄段的？（列出朋友的年龄，看看谁给你的印象最深刻，谁会和你争论不休。)

4. 我是不是很自私，总以自我为中心？怎样做才能把别人放在第一位，才能更好地帮助别人，不那么求全责备？
5. 我真的明白或者真的相信没人是完美的吗？
6. 我真的认为自己天生标准比较高，需要合理调整一下，不那么极端吗？
7. 我是不是真正懂得，这个世界不是我想怎么样就能怎么样的？最近有没有什么事，是依靠别人完成的？
8. 我最近的自我对话是不是都比较积极？

08

总被忽视，但善于交际的外交家老二

我们已经在老大和独生子女以及他们的致命缺点——完美主义上面花了大量的时间了。但如果你比老大出生得晚，又正好落进了容易被人忽视的“中间孩子”堆里，就算我一直没提到你，你可能也不会很难过，甚至还会说：“这一点都不奇怪。我早就知道可能最后才会提到我。这种事情又不是头一回了！”

感到受排挤、忽视甚至羞辱，对中间孩子来说是家常便饭。本书第 1 版出版后，我收到了几封中间孩子的来信，信中表达了对我小小的抗议。有一封是这样写的：

亲爱的莱曼博士：

我算了算这本书上面的页数，中间孩子在里面占的分量比其他排行的孩子少多了！这是为什么呢？

感觉受忽略的中间排行读者

根据以往的经验，我觉得这也就是中间孩子想找一点乐子，因此这样回复：

亲爱的中间孩子：

那又怎么样呢？有什么大不了的？再说，你又不是第一次碰到这种事！好好生活！好好欣赏家里的相册！

莱曼博士

中间孩子让人捉摸不透

我也觉得这本书中对中间孩子的描述的确比其他排行的孩子少。[1] 造成这一小小疏忽的原因之一是，我们这些心理学家对中间孩子也知之甚少。事实上，他们比较神秘。

来我这儿咨询的人里，中间孩子比老大和老小都要少，幸好这些年来我和他们有过不少接触，基本上能揣摩出他们的总体特征。夹在中间让他们不是觉得自己生得太晚了，没办法像老大那样，天生就有一些特殊待遇；就是觉得自己出来得太早了，不能像老小那样受父母宠爱。

说中间孩子神秘的不止我一个人。许多文章和书籍都提到了他们的这一特点，其中最具代表性的就是由布拉德福德 · 威尔逊（Bradford Wilson）和乔治 · 埃丁顿（George Edington）共同创作的《老大，老二》（*First Child, Second Child*）。他们都认为，在所有排行位置中，“中间孩子”的身份最难以界定，想要描述或概括他们的总体特征就更加困难了。[2]

“中间”这个词涵盖的范围太过广泛，也是这些谜团产生的原因之一。标准的中间孩子可以是三个孩子中的老二，或四个孩子中的老三，或五个孩子中的老四，可能性太多了。有些作者对中间孩子做了极其详尽的划分。但是，我在咨询过程中发现，中间孩子和老二有很大的相似之处，两者往往指的是同一个人，因为很多家庭都是要了三个孩子。本章主要讲的是中间孩子，所以我把老二和中间孩子放在一起，统称为“中间孩子”。在谈到只有两个孩子的家庭养育问题时，我会更加详尽地分析老二。

中间孩子和“分支效应”

谈到中间孩子，最关键的因素是一直影响家庭的“分支效应”（The Branching-Off Effect）。按这一效应的说法，对老二影响最直接的是老大，对老三影响最直接的是老二，以此类推。所谓的“受影响”，只是说每个孩子都喜欢“向上看齐”，也就是看跟他们年龄最近的哥哥或姐姐是怎么做的，然后跟他们学。

老二会把老大当成自己的榜样，看着老大都是怎么做的，回过头来自己再照着做。因为哥哥或姐姐通常比他们更强、更聪明，当然长得也更高大，老二效仿不了的时候就会往其他方向发展。但是，如果他们觉得自己赶得上哥哥或姐姐，就会继续模仿下去。当中间孩子有足够的能力跟老大竞争时，“角色互换”就产生了，这点在之前的排行变量中提到过。

不管是出于本能，还是别有目的，老二都有可能取代老大的地位、特权和责任。这种事在理查德·尼克松身上就发生过。他是五个兄弟姐妹中的老二。因为大他 4 岁的长兄体弱多病，长子的责任就顺理成章地落在了他的肩上。但从另一方面来看，尼克松保留了一些“中间孩子”的特征，在日后的生活中让他受益匪浅。[3]

不管老二是在什么时候出生的，他的生活方式都取决于他对哥哥姐姐的看法。老二既可能是一个取悦者或者反抗者，也可能成为受害者或牺牲品，还有可能变成一个操纵者或控制者。任何一种可能性都存在，但不管变成什么样，都和老大脱不了干系。所有关于排行理论的研究都得出这样的共识：老二和老大的个性往往正好相反。

因为后出生的孩子受到离他最近的哥哥或姐姐的直接影响，因此没有什么特别有效的方法来预测他们会往哪个方向发展，会形成怎样的性格。我见过许多中间孩子的性格特征图表，发现他们行事十分矛盾。下面就是其中一个案例，分为两栏，对中间孩子的描述十分具有代表性。

表 8-1　中间孩子：变化无常的矛盾体

不合群，安静，害羞	善于交际，友好亲切，性格外向
不耐烦，容易感到沮丧	在生活中泰然自若，悠闲
争强好胜	随和，与世无争
反叛，家里的火药桶	调解人，调停者
好斗，惹是生非	避免冲突

结果显示中间孩子还是“未知之数”，他们的性格受到了来自多方面诸多压力的影响。和其他排行的人相比，要想了解一个中间孩子，你必须看整个家庭的情况。

别人从来没重视过我

然而，有一件事情在中间孩子身上是确定无疑的：不管是哥哥姐姐还是弟弟妹妹都经常挤兑他们。你已经注意到这一节的标题了吧，它取自喜剧演员罗德尼·丹杰尔德（Rodney Dangerfield）的名句："别人从来没重视过我！"很多中间孩子都深有同感。

我辅导过很多中间孩子，他们对我说过，在成长过程中从没觉得自己是特别的。"哥哥夺走了所有荣誉，妹妹夺走了所有关注，我好像是多余的。"这句话我经常能听到。

不知道为什么，家长似乎从来没有注意到，他们的中间孩子也需要他们的关心和爱护。下面的场景是虚构的，但对很多中间孩子却无比真实：

> 当妈妈介绍西尔维时，她总是说："这是西尔维，我的大孩子。"
> 当妈妈介绍鲁弗斯时，她总是说："这是鲁弗斯，我家的老小。"
> 当妈妈介绍乔伊时，她会说："这是乔伊，我的大儿子。"
> 当轮到介绍简时，妈妈只是说："这是简。"因为妈妈没有说明简是家里的中间孩子。没人注意到这一点，除了简。[4]

如果我想知道在研讨会上哪些人是中间孩子，只要提一句"家里的相册"，他们就能笑出声来，但通常是有自嘲意味的笑声。家里的相册是一个有力的证据，见证了爸爸妈妈是怎样把中间孩子当作背景的。那里面可能有 2 000 张照片都是老大的，而中间孩子的可能只有区区 13 张。特别是老二，似乎总会沦为这种奇怪现象的受害者。好像老大一照相，爸爸妈妈总是一个左边一个右边地围着他。然后，等到老二一出场这种福利就马上没有了，要么是胶卷用完了，要么是快门卡住了，等他们的“小公主”一出来马上又修好了。

下面的场面中间孩子可能一辈子也忘不了。女孩第一次和男孩谈恋爱，想把自己的照片拿给对方看看。她走到妈妈面前对她说：“妈妈，我有没有自己的照片，上面不带大姐的那种？”妈妈看起来有点懊恼，但不得不摇摇头。最后她的新男友还是看到了她的照片，虽然经过精心修剪，但还是可以看到姐姐的胳膊！

中间孩子交友广泛

中间孩子和朋友在一起的时间比家里其他的孩子都长。这没什么可奇怪的，因为中间孩子在家里总感觉自己是多余的，得不到家人的理解，好像被兄弟姐妹打败后退出战场的士兵，在家里找不到容身之处。

那么，毫无疑问朋友对中间孩子来说就变得非常重要，因为朋友让他们感到自己是特别的。在家里老大特别是因为他们是第一个出生的。老小特别是因为他们是最后出生的。那么中间孩子呢？他是“老好人约翰”或者“平凡得不能再平凡的玛丽”。

有一个心理学理论指出人类的行为都出于三种自然动机[5]：

- 为了获得奖励和认可
- 为了避免痛苦和危险
- 为了进行报复

不管是哪个排行的人，做什么事都是出于上面三种动机。但是这三种动机在中间孩子的行为中起到的作用尤为有趣。

为了获得奖励和认可，被排挤出去的中间孩子在家庭以外的世界创造出类似“家庭”的团体，在那里他们能够感到自己是不可缺少的。老大一般朋友都比较少，中间孩子往往朋友成群。

你可能会说，中间孩子只能到外面去寻求认可和接纳，该多伤心啊！但是，我们的交际明星是不会痛哭流涕的。他们承受的这些痛苦在日后都会得到补偿，下面我就要说到这一点。

在这种情况下，为了避免伤心和沮丧，不再做家中的局外人，中间孩子是离开家最早的。这里不是说他离家出走或者主动提出去上寄宿学校，而是指他们在家庭以外交朋友比较快。他们一旦要求和老大平起平坐，别人总会说“你还太嫩了”；而和老小争宠的时候，总被训斥“你都多大了”。厌倦了听到这些责备之词，中间孩子开始到同龄人中做符合自己年龄的事情。

因为多多少少会缺乏归属感，中间孩子都有点放荡不羁。出于这种反叛心理，有的时候，家里让干什么，他们就偏不干什么，不让干的又偏要干。他们会把其他群体的价值观当作自己的行为标尺，这些群体可能是某个团队（中间孩子在团队中表现很出色），也可能是一个俱乐部，或者是一群玩伴。最重要的是，中间孩子在某种程度上把这个群体看成了自己的另一个家，在“这个家里”他们不会受到任何形式的排挤和控制。

由于从很小的时候就开始交朋友，在家庭以外寻找认同感，中间孩子可能是成年之后最早脱离家庭独立的。在《奥普拉脱口秀》上我遇到过三姐妹，排行的作用在她们身上得到了完美的诠释。我一说起中间孩子最有可能搬到远离家庭的地方定居，老大和老小都在一旁兴奋地起哄。她俩一直住在新泽西州，离她们的父母和其他家庭成员都很近。但是老二却背井离乡，独自一人在加利福尼亚州生活，据证实她的确有很多好朋友。

中间孩子是很好的调解者

当然，一些中间孩子在获取他人认可，避免受到伤害或报复别人的时候，会选择不同的方式。他们更喜欢成为调解者，有时甚至是幕后操控者。因为在家里不能完全依着自己的意思来，他们学会了协商和妥协。而掌握这些日后与人和睦相处的技能，显然没什么坏处。（如果你觉得中间孩子可能是家里适应能力最强的人，你的感觉是正确的。）

但如果中间孩子是那种百依百顺，对任何对抗或冲突都丝毫不感兴趣的人，善于协商和妥协的个性在他们身上会适得其反。很多排行在中间的女性就同一个问题咨询过我，丈夫在外面有了外遇，对方是一个更年轻更漂亮的女人（这是自然），然而排行老二的妻子居然一而再、再而三地忍了下来。

她们完全可以有别的选择：分居，直接递上离婚协议书，或者和那个女人正面交锋，但她们打心眼里就不想改变现状。从小到大她一直都在取悦别人，总是想维持现状，即便现在别人已经欺负到她头上。她会自欺欺人地过日子，直到日子过不下去为止。她丈夫正是深知这一点才会那么肆无忌惮。

积极进取的中间孩子可能会运用他们的谈判能力成为一名成功的企业家。这方面的代表可能要数唐纳德 · 特朗普（Donald Trump）。

唐纳德是家里五个孩子中的老四，在他上面还有两个姐姐和一个最大的哥哥小弗雷迪。他的父亲本来打算把小弗雷迪培养成纽约的大型公寓建筑商和经销商，好接他的班，可惜天不遂人愿。小弗雷迪是一个悠然自得、有求必应的老大，比起管理别人，他更愿意让大家都高兴。唐纳德比他的大哥小了 8 岁多，顺理成章地取而代之成了父亲的接班人，开始了他在房地产方面的事业。

这听起来像一个“角色转换”，但事实并非如此。如果是真正的角色转换，唐纳德就得比小弗雷迪小不到 2 岁才成。相反，他和长子小弗雷迪之间有 8 岁的差距。唐纳德虽然是家里的第二个儿子，中间还夹着两个姐姐，却已然具有了很多老大的特征。从特朗普一家可以很明显地看出，同性别孩子之间巨大年龄差距对他们最终会在家里扮演什么角色可以造成很大的影响。

唐纳德·特朗普在谈到地产交易时说：

> 我做这一行并不是为了钱。我的钱已经够多了，远远超过我所需要的。我做这一行是出于喜欢。其他人喜欢在画布上画出精美的画作或写出美妙的诗句，我却喜欢做交易，越大越好。这就是我的爱好……真正的刺激是投入其中。我不会浪费时间去担心自己应该怎样做到与众不同，或者下一步会发生什么。如果你问我到底什么是交易……就算到了我一生结束的时候，我也不能十分确定地给出一个好的答案。但是，我用大把大把的时间来创造它们。[6]

如果我问你，20 世纪后半期，哪两个美国总统在对外事务和交往上最为擅长，你会想到谁？如果你对这些总统有过全面的了解，给出的答案很可能是理查德·尼克松和老布什，大多数政治观察家都认为他俩在外交上干得不错。当然，碰巧这两个人都是中间孩子。

关于中间孩子的更多启示

虽然想要清晰地刻画出中间孩子的轮廓，并填上生动的色彩不像老大或独生子女那么容易，但还是可以给他们一些建议，以帮助他们更好地了解自己。

1. 你是一本没有被翻开的书。研究表明中间孩子是所有排行中最为神秘的。[7]如果你符合这一点，那么你的反应可能和“创伤儿童”（burned child）有些类似。受过创伤的中间孩子会觉得这个世界对他们的关注比对他们的兄弟姐妹少得多。这点让你在和别人交往的时候总有“人心隔肚皮”之感。

基本上，你不会和太多人交心。这不一定是缺点，相反，在某些情况下，这可能是个明智的做法。但是，物极必反。大家有没有注意到有趣的一点，美国总统尼克松在水门事件上越陷越深，就是因为一直遮遮掩掩。对自己所作所为的竭力掩饰最终导致他遭弹劾下台。

我经常会在丽莎·吉本斯（Leeza Gibbons）的电视脱口秀中露面，不久前她邀请我去参加一个关于排行的节目，她的制作团队给这期节目起了个名字《老大，老小，我的命运是什么？》。来参加节目的其中一个家庭，是一个母亲和四个女儿，这四个女儿完全符合标准的排行规律。第三个出生的女孩很害羞，是一个不希望家里有任何冲突和争吵的和事佬，同时也很让人看不透，跟我这么多年见过的许许多多的中间孩子一样。

这孩子什么都不说的性子就算结婚后恐怕也改不了，希望她能选一个十分耐心，愿意倾听，能把她拽出自己世界的男人。

2. 中间孩子很可能内心坚强，精神独立。在读研究生时，我常听说中间孩子不到最后是不会向专业辅导者，如心理医生、辅导员或牧师寻求帮助的。我从理论走向实践，开始辅导别人之后，很快就发现实际工作中碰到的这种情况与学校中听说的基本一致。

谁最喜欢到心理咨询师那里进行咨询呢？答案是排行老大的工程师、医生等要求严格的行业里的从业者。为什么把老大和独生子女放在第一位？因为老大和独生子女的焦虑情绪最为严重（通常是由于父母的过分要求导致的）。同时，他们逻辑性强，学识较高，更容易想到分析困境并寻求帮助。当然老大对于到心理医生、辅导员等专业人士那里寻求帮助这种做法，比较信任。

我的另一大客户群是老小们，这些人从小就习惯了受到别人的照顾和帮助。来我这里最少的就是中间孩子。中间孩子往往内心都很坚强，精神都很独立，这是他们在应对成长中的反叛情绪和“多余”感时培养出的一种心理素质。坚强和独立没有任何不好，但是拒绝获得你可能需要的帮助是愚蠢的。

3. 中间女孩十几岁的时候经常呼朋引伴。如果你是一个中间孩子，那么你的孩子到了十几岁的时候，你可能就很理解为什么自己的孩子在外面总会呼朋引伴。兴许你爸妈对你的印象也是如此。

我辅导过的很多父母都很担心，家里的某个孩子好像“总跟那些狐朋狗友们混在一起”。当然，并非所有这样的孩子都是中间孩子，但中间孩子在这方面的问题好像比其他排行的孩子都要严重。以我之见，老大跟一群人混在一起玩的可能性最小，主要是因为他们天生就是领导者。老小就算一起玩也是比较有组织的，因为他们喜欢探索和冒险，但提到中间孩子就复杂了。他们长期感到受排挤，最需要归属感，而狐朋狗友们正好填补了这种不缺乏。

4. 中间孩子对婚姻伴侣可能最为忠诚。研究还显示，中间孩子的婚姻在所有排行的人中是最持久的。[8] 这也是意料之中的事。中间孩子在成长过程中感到在家中格格不入，因此当他们有了家庭时，就越发地想要建立一个属于自己的温暖家庭。

换一种说法，就是中间孩子在婚姻中更容易坚守自己的承诺。虽然这是一种优良品质，但有时却是导致中间孩子在婚姻中多灾多难的根源，因为有的另一半吃准了他们这一点，在婚姻中出轨，侮辱他们，或是占据主导地位。

5. 容易感到尴尬。我们不能对任何排行毫无根据地做出判断，但研究表明，中间孩子更容易感到尴尬，虽然他们打死也不会承认这一点……[9] 不过这点是可以理解的，谁让这件事本身就挺让人尴尬的！

这就是中间孩子的矛盾心理最明显的地方之一。他们常常会做一些违逆常规的事，因为有些规矩会明显让他们下不来台。阿尔弗雷德·阿德勒在总结老大的特征时说："喜欢行使权力和夸大规则和法律的重要性。"至于老二，"他更倾向于相信……这个世界上没有什么权威是永恒的。"[10]

中间地带：在这里待着还不错

像其他排行的人一样，当一个中间孩子有好处也有坏处，但是总的来说，在中间地带的孩子还不算这几种排行里最差的。**所有的研究都显示，中间孩子中有焦虑症和心理问题的没有老大或独生子女那么多**（很明显这也是中间孩子不怎么出现在心理咨询室的原因之一）。是的，我知道你可能会认为你的兄弟姐妹得到了所有的特权、好运气、宠爱，而你却不得不顾全大局。但这些对你的伤害真的有那么大吗？也许这样反而对你有好处！

运气和特权并不如你想象中那么重要，这些便宜可都不是白捡的。虽然新晋父母们把所有的优待和特权都给了老大，但他们当时也正面临着从未遇到过的问题和危机，同时也把恐惧和焦虑转移给了老大。此外，父母通常对老大抱有较高的期望值，这给他们带来了不小的压力。

所以当你作为中间孩子和父母相处的时候，几乎可以肯定，比你身为老大的哥哥姐姐要轻松得多。你家老大为你在前面清除障碍呢，我称为“扫平人生道路”。

当然，并不是所有的老大都会心甘情愿地完成“清扫任务”。他们可能会觉得这条路怎么这么难扫啊，也得让中间孩子感受一下漫天灰尘的感觉吧，权当收取清扫费用了。有趣的是，阿德勒自己就是一个中间孩子。虽然他认为中间孩子的处境相对比较安全，但也承认经常觉得自己生活在哥哥的影子之下，那个真正的老大一到关键时刻总是超过他。阿德勒说过：“我的大哥是一个十分勤奋的人，他总是挡在我前面，只是为了证明自己比我强而已。”[11]

就算不得不生存在一个王子或公主的影子里，自怨自艾也没有任何用处。一个真正聪明的中间孩子，要对此心怀感激，至少别人还会因为你总是得不到关注而同情你。心理学家凯茜·内瑟尔（Kathy Nessel）自己也是一个中间孩子。我喜欢她总结的中间孩子的优点：

> 在成年人当中，中间孩子总是比较坚韧的，因为我们已经习惯了生活有点不公平。我们的期望值较低，自然在人群中更受欢迎。中间孩子的说法是：“虽然这算不上完美，但已经很不错了。”我们不像老大那样雄心勃勃，但事情也绝不会发展到难以控制的地步。[12]

我一个客户的观点与凯茜·内瑟尔的话不谋而合：“在三个孩子中当个老二不容易，但是作为一个成年人，我完全相信自己可以很好地应对，我在成长过程中碰到的需要让步的地方了太多了。我很高兴自己既不是老大，也不是老小。我很喜欢自己现在这个样子！”

所有这一切都表明，形容中间孩子最恰当的词应该是“平衡”。在这纷繁复杂的世界里，平衡正是一种不错的生活方式。

中间孩子的优点与缺点

表 8–1 列出了中间孩子的一些典型特征。要记住，可能并不是每个特点都完全符合你，中间孩子本就令人难以捉摸。当你发现符合自己的特点，看看它是优点还是缺点。如果它是一个缺点，你能在这一方面进行怎样的改进？如果它是一种优点，你要怎样把它发扬光大？

表 8–2　中间孩子的典型特点

典型特点	优点	缺点
感到受排挤，没有归属感	不会被宠坏	叛逆
期望合理	生活并不总是公平的，因为没被宠坏，所以比较现实	受到不公平对待后疑心重重，愤世嫉俗，甚至尖酸刻薄
交际高手	结识并拥有很多朋友	太重视朋友，不愿意得罪人导致在某些重要决策上判断失误
独立思考	愿意尝试不同的事物，喜欢冒险，独立闯荡	有时表现得很固执，顽固，不合作

续表

典型特点	优点	缺点
善于妥协	知道如何与人友好相处；善于调解纠纷	为了息事宁人无论付出什么代价都行
灵活变通	和事佬；愿意去解决问题；能够从两方面看问题	讨厌冲突；经常不表露真情实感
沉默寡言	值得信任；知道如何保守秘密	因为感到尴尬，不承认需要帮助

● 诚实地面对中间孩子的特性

The Birth Order Book

1. 当个中间孩子自在吗？我是怎么知道的？
2. 家人和朋友是说我比较沉默寡言还是比较活泼开朗？
3. 愿意向咨询师、医生或其他专业人士寻求帮助吗？
4. 对哥哥或姐姐有怎样的印象？他们是为我的人生清除了前面的障碍，还是让我的人生之路变得更加崎岖？如果是后者，我能平和地面对他们吗？
5. 在给予和索取的过程中（无论是在家里还是在工作中），给自己的表现做何评价：A 非常优秀；B 还好；C 比较差。为什么会给自己这一评分？
6. 如果在成长过程中，总感到受排挤，受到不公平的对待，成年之后该怎么调整？这一经历对今天的我来说是优势还是劣势？

09

自由散漫，但富有创意的推销员老幺

首先，我想告诉所有看这本书的老小，我也是你们中的一员。我猜你一定会跳过前面 8 章，直接翻到这一页。和所有老小一样，我也经常干同样的事情。希望你之后可以从头读一下，前面几章里面有很多你漏掉的重要东西。话不多说，还是让我们赶快开始用一个小故事，来了解一下熊宝宝莱曼是怎样找到生活方向的。

1952 年一个闷热的桑拿天，在威廉斯维尔中心高中的篮球场上，篮球比赛正在激烈地进行着。中场休息的时候一个瘦小的 8 岁男孩站在场地前面，奋力带领大家加油助威。他的毛衣上别着球队的吉祥物图像—— 一只雄山羊。

观众席上挤满了尖叫的球迷，但这会儿球迷们可不是在为前面的那个“小山羊”喝彩，大家都在嘲笑他。这孩子简直不知道自己在干什么，引得全场喝倒彩。他的大姐，威廉斯维尔中心高中的啦啦队队长虽然觉得有些尴尬，却也觉得这个小男孩非常滑稽，忍不住笑了出来。

这个 8 岁的小孩感到尴尬吗？他似乎完全不在意。实际上，他抬头看着人群，似乎对自己把大家都逗乐了感到很得意。

老小喜欢万众瞩目的感觉

我就是那个小男孩，家中三个孩子里的老小，11 岁的时候还整天有人叫我“小熊”。这个外号在我刚刚学会走路的时候就有了，而我似乎无师自通地扮演着家里“可爱的小熊宝宝”。老小虽是家里年龄最小的，但他绝不会允许自己成为最无关紧要的一员。

老小通常是制造快乐的魔法师，调节气氛的能手。同时他们感情丰富，单纯率真，还有点粗心大意，经常会冒出一句：“你们在说什么？担心什么？”这种迷迷糊糊的言行，通常换来大家的无奈一笑或摇摇头。老小是最喜欢在小学音乐会上大出风头的人，也是喜欢在主日学校的野餐会上故意把那些精心装饰的会场搞得一团糟的人。他们总是跟别人有点不一样。

难怪，在身为高中啦啦队队长的姐姐邀请 8 岁的我去她们高中球队当吉祥物时，我想都没想就兴高采烈地答应了。几百人都会来看这场比赛，他们全都会盯着我看！我喜欢在场上的每一分、每一秒，就算由于忘了加油，引得大家哄堂大笑，我也不觉得尴尬。就在威廉斯维尔中心高中体育馆的那个时刻，我做出了一个决定。至少，在我 8 岁的意识里，一个理想产生了。我立志要当明星。

当然，我最后成了一名从事家庭问题咨询的心理学家。我喜欢现在的职业，能够帮到别的家庭让我感到无比满足，但我最大的嗜好还是让别人发笑，不管什么时间，什么地点，研讨会、电视和电台的脱口秀，我都会尽我所能地做到这一点。

"小丑"也有黑暗的一面

大多数老小性格中还有黑暗的一面。除了外向、亲切和简单，他们也有叛逆、情绪化、骄纵、不耐烦和浮躁的一面。

我就有一些老小的典型黑暗面。毫无疑问，我之所以想要成为莱曼家的"小丑王子"，有一部分动机出于我并不是天生的王子。莎莉和杰克早就抢先一步了。在我看来，老天把所有的天赋、能力和智慧都给了他们。比我大 5 岁的哥哥杰克不论做什么都能达到 97 分以上。比我大 8 岁的姐姐莎莉更是做什么都拿到完美的 100 分。从记事以来，跟他们的能力和成绩比起来，我从来都在 18 分那里徘徊，就没及格过。总之，他们就是强力火炮，而我顶多算颗哑弹。

我采取调皮捣蛋的战略，来获得关注也就没什么奇怪的了。5 岁的时候，我去参加一个亲戚的婚礼，估计她到现在一想起婚礼中扔喜糖的情景，还能想起我来。大家扔的都是喜糖，只有我扔的是石子。

这是典型的老小们才会有的做法。老小常常被人说成玩世不恭，很多老小都有着"向世界证明自己的强烈愿望"。[1] 从他们懂事起，就清醒地认识到他们是家里年龄最小的，个头最小的，力气最小的，不管是谁都能把他们比下去。毕竟，谁能指望小不点小费斯特斯来收拾桌子或者倒牛奶啊？

莫普森·肯尼迪（Mopsy Kennedy）是一个家庭治疗师，时不时在各种的杂志上发表文章，我喜欢他关于老小的论调。莫普森女士是一个老小，她从自身的经验谈到老小时说，老小在家里“不可避免地生活在哥哥姐姐的阴影之下”。[2]

莫普森回忆起小时候，每次她取得一点成绩（学会系鞋带，认字，说出时间），别人总是礼貌地敷衍一下，一转头却小声地嘀咕“没有谁谁做得好”，情况更糟一点就直接说出来：“你还记得当年拉尔夫是怎么学的吗？”拉尔夫，当然就是那个先出生的大哥。老小本能地意识到，他们在知识和能力上远远赶不上他们的哥哥姐姐。父母对老小取得的成绩并没有多少发自内心的喜悦。这还只是小事。实际上，他们可能已经不耐烦地在想，这个孩子怎么没有他的哥哥姐姐们长得快啊？他哥哥在 2 岁半的时候就已经会做这件事了。

在老小出生以前，父母就对这些教导过程已经轻车熟路，毫无新鲜感了。在这种情势下老小不得不在某种意义上自谋生计。因此经常能听说，老小们很多方面的知识都是从哥哥姐姐那里学来的。父母们已经没有精力再重复一遍同样的教育过程了。

很明显，哥哥姐姐的教导并不能保证老小能直接学到知识。老小们已经习惯了被放到一边置之不理。大一点的孩子总是嘲笑仍然对圣诞老人和牙齿仙女抱有幻想的老小。**难怪老小们在成长过程中总抱着一种“我一定会证明给你们看”的想法。**

小丑凯文一波三折的求学历程

在《老大，老二》中，威尔逊和埃丁顿写道：

一些老小十分擅长用各种各样的方式来引起他人的注意，一部分老小在成长过程中知道的唯一能引起他人注意的方式就是瞎捣乱，变成那些喜欢往市政厅吐“口水炸弹”的问题儿童。如果你是一个典型的老小，那么在你性格中既有迷人的一面，又有反叛的一面，别人常常对你前一分钟和风细雨，后一分钟狂风暴雨的性格，感到措手不及。[3]

上一段话真是把我分析得入木三分。我的成长中最大动力之一就是为了“做出样子给别人瞧瞧”，而且我的确喜怒无常，前一刻还是温文尔雅，后一刻马上变得愤世嫉俗。说实话，莎莉和杰克没怎么嘲笑过我。事实上，莎莉可以说是我的第二个母亲。但他俩在成就上远远超过了我。我常常用学校社团里的评语来形容我们三个。莎莉是优秀的学生，杰克是良好的学生，他们都是家里的“凤凰”。我无望地看了看他俩，决定还是老老实实当个“乌鸦”。读书让我感到枯燥，不管学什么，我都是能逃就逃，最后实在逃不掉了才学，或者彻底就不学了。

但我迫切需要得到别人的重视，因此我故意装疯卖傻，捉弄别人，炫耀自己。事实上，我非常善于灵活变通，在被哥哥远远甩在后面的时候，这一点在很大程度上挽救了我。

你将在性格图表中看到老小的另一个特点，他们十分渴望获得别人的表扬和鼓励。在头上轻轻拍一下，或者说一句“给他们点颜色看看，我们就靠你了”，就足以让一个老小兴奋几个小时，甚至几个星期。[4]

在给高中球队当吉祥物的时候，我就是这样的。我最传奇的“壮举”之一就是偷袭另一所学校的吉祥物。阿默斯特中心高中是我们运动场上的死敌，他们的啦啦队阵容里有两个扮成老虎的家伙，在比赛的时候围着看台跳来跳去。一天晚上，我在看比赛的时候，突然冒出一个想法，能不能偷袭那只老虎，抽出它的尾巴，在被抓住之前尽可能快地跑回我方场地。后来我确实这么干了，高中报纸第二天就在头版头条登了：小恶魔莱曼击败阿默斯特中心高中的老虎布特。这个赞誉令我高兴得忘乎所以。

但江山易改，本性难移。一旦让一个小孩尝到了甜头，他就会得寸进尺，我继续在扮小丑的道路上走下去。

一些排行图表在谈到老小的魅力时，说他们可以是“一群人或一个班级里的开心果”。但我的老师可不这么想。除了热衷于干扰课堂秩序，我也不好好学习。

在上高中二年级的时候，我修过一门叫消费者数学（Consumer Math）的课程，学期结束时，我得了个 F，然后直接被赶了出去，不过在此之前我先把老师赶了出去。她辞职了，再也没有回来！

这个可怜的女人以为我故意让她难堪，但不完全是，我是故意让大家发笑，以获得同学们的钦佩，成为引人注目的焦点。我的老师们很少能明白这一点，但有一位英语老师是个例外，他总是轻易就能让我俯首帖耳。他总是公事公办，我的滑稽搞笑在他那里从不奏效。他一旦注意到我有所动作，就会说：“要么老实听课，要么滚出去，”我一听立马就消停了。

那个老师可能根本没听说过这种理论，但他是一个现实原则专家，这正是我心底里最渴望的东西，甚至超过获得笑声和关注。老小是特别渴望和需要现实原则的人，只有这样才能直接而迅速地解决他们的问题，让他们学会对自己的行为负责。（在后面的章节中我们再详细讨论现实原则。）

当我迎来了高中生涯的最后一个学期，数学老师威尔逊小姐把我叫到走廊，眼睛看着我，问道："凯文，你什么时候才能停止你的把戏?"[5]

"什么游戏啊，教员?"我问。（是的，我的确是叫她"教员"。毕竟，1962年的时候我们还都很"酷"。）

"你最在行的把戏，"她笑了，"当个最差的学生！"

我笑了，脸上装作毫不在乎，其实让人戳中了软肋。她的话开始改变了我的生活，直到今天仍然伴随着我。最近我又和威尔逊小姐聊了一次天，感谢她唤醒了我。她微笑着说："噢，我没做什么，凯文。一切都是你自己的功劳。你的问题的确不少，但我知道如果你想做什么就一定能做到！"

从还是小孩的时候一直到高中毕业，我那些滑稽可笑的行为就是一个对典型老小的标准诠释，表现了他们意志消沉、破坏性强的一面。坦率地说，在我的数学老师把我叫到走廊里质问以前，我正走向真正的灾难。威尔逊小姐让我认识到，光是引起别人注意是远远不够的。她的话就在我十几岁的头脑里扎根了：出风头很有趣，莱曼，但除了这个你还会什么？它驱使我找到了另外一个我从没想过的目标——取得大学学位。

我喜欢这样描述自己，在我所知道的上完本科和硕士，拿到心理医生执照的人里面，只有少数几个是从小学到高中读了13年的人。我简直不知道我在高中学到了什么东西，事实上那段时光很难让我感到自豪。拿到博士学位后，我到教会组织的夏令营做演讲，讲的就是我十几岁时候的故事。这样的演讲我连着做了几年，为的就是强调，我年少的时候曾这么胡作非为过，你们可别走我的老路。我想告诉他们的其实就是当年我的数学老师让我知道的事情：要坏也要坏出个名堂，只有愚蠢的人才会有这种想法。

汽车销售员往往都是老小

据我多年的了解，很多家里的老小都从事汽车销售这个行业。

你有没有去过二手车市场？一到那里是不是会有一个脚踩白皮鞋，下身深蓝色长裤，上身浅蓝色衬衫，打着深蓝色圆点领带的家伙，笑容满面地过来欢迎你？也许他穿得没有那么花哨，但他可能说：“您今天跟这辆车可真是有缘啊！”

如果你曾经碰到过这样的情况，那么你很可能是在跟一个老小打交道。对这些家伙你可得小心了，他们会把你自己的房子卖给你，连刷墙的费用都得你自己掏。

说得有点夸张了，但也差不多是这样的。好的销售人员常常排行老小。我经常为一些商业机构做培训，最喜欢的一站就是汽车经销店。一天，我逛当地的汽车代理商店的时候，随便和一个销售人员聊起了排行，得知他就是老小，而且这里的其他销售人员也基本上都是老小。

经理的排行又是老几呢？我猜他是老大。再次猜中了。老大通常都担任领导职务。这个经理本身也是一名十分出色的销售员，但只要他下定决心要升职，就肯定能做到：设定目标，跨越障碍，再加上漂亮的业绩做基础。

身为经理的老大和他手下的销售员老小之间有矛盾一点也不奇怪。老小只是在一些细节上不肯花功夫，如按时填写报表等。这里的销冠是一个老小，他和经理已经到了水火不容的地步。我坐下来和经理一起喝了杯咖啡，并让他考虑一下：“你想让这个家伙做的真正工作是什么，是销售还是填写表格？”

他的回答很简单：两个都要。

我建议经理，不要试图把一个老小变成一个条理分明、工作高效的典范。为什么不寻找另外一种解决途径，安排一个秘书来做这些文书工作，把销售员解放出来，做他们最擅长的销售工作！

经理采纳了我的建议。自然，他的销售量比以往更高了，这意味着经销商将会赚到更多的钱。

老小容易感情矛盾

《老大，老二》是一本十分出色的书，我之前曾引用过。这本书的作者发现，老小的情绪和感受往往变化无常，有时候他们自己也很难做出解释。[6] 身为老小，我自己的经历就证明了这一点。作为家里的老小，我们可以是令人愉快，讨人喜欢的，但另一面却是任性叛逆，难以相处的。我们有时会精力充沛，激情四溢，有时又会感到十分的空虚无助。周一的时候还感到自己站在世界之巅，周二的时候却觉得像是落入了无底深渊。

我不清楚我们这些老小在生活中产生这种极端情绪变化的确切原因，但还是有迹可循的。家人从小就对老小持有两种极端的态度，前一分钟还抱在怀里宠溺纵容；后一分钟就放到一边取笑嘲弄。出于自卫，老小们在成长过程中都有点特立独行，骄傲自大，但这只是为了掩盖内心的自我怀疑和困惑。我们对自己说："当我很小的时候，他们就把我撇到一边，不让我跟他们一起玩。等到没人了，他们才找我来替补。他们没把我当回事。我会证明给他们看的！"因为我们老小总想向全世界证明我们能做到，百折不挠就成了我们的特征之一。

老小的优点和缺点

看看表 9–1，然后就你关心的方面，思考一下每个特点，看看它是优点还是缺点。如果它是缺点，你能在这一方面进行怎样的改进？如果它是优点，你怎样才能更好地利用这一优点或者把它发扬光大？

表 9–1 老小的典型特点

典型特点	优点	缺点
富有魅力	可爱，总是很快乐，容易交往	卖弄手段，甚至有点行为古怪；看起来过于圆滑，让人不太放心
交友广泛	了解他人，不管是和一个人还是一群人，都能很好地交流和合作；在社交场合和各种活动中游刃有余	纪律散漫，夸夸其谈，说的永远比做的好
百折不挠	坚持不懈，不达目的誓不罢休	强迫别人按他的方法做事，认死理
迷人而多情	有同情心，讨人喜欢，乐于助人；喜欢安慰别人也希望得到别人的安慰	容易轻信别人，被人利用；总是凭感觉做决定，做事不深思熟虑
性格单纯	自由自在，为人真实，值得信赖，没有城府	心不在焉，没个准，像个不知所谓的傻瓜
引人注目	滑稽搞笑，善于吸引别人注意	以自我为中心，不愿意表扬别人，狂妄自大，情绪多变，骄纵，缺乏耐心

● 诚实地面对老小的特性

The Birth Order Book

1. 我是一个成熟的成年人吗？或者别人是不是会想：“为什么你长不大呢？”

2. 成熟的部分表现是懂得自己收拾残局。我在这方面有问题吗？
3. 喜欢和别人一起相处、共事吗？是否需要考虑换份工作？
4. 我是不是总喜欢成为焦点，不为他人考虑，怎样才能避免陷入以自我为中心？怎么知道这一点的呢？朋友对我的评价是什么？
5. 是真的想逗大家开心，还是只想让别人注意我，还是为了能让大家更开心地享受生活？
6. 我能控制自己的固执任性，不让自己失控吗？最近有这样的事吗？
7. 别人会说我是个很好的倾听者吗？只是想“读懂”别人，还是真正想为他们分忧？需不需要改进自己的倾听技巧，在听别人诉说的时候，不随意插话？

The Birth Order Book

Part 3

如何根据出生排行来因材施教

10

在专制与放任之间找到平衡

我给数百个家庭做过咨询，经常有父母来找我说管不了家里那个既任性又淘气的孩子，他们已经穷途末路了。

我问他们的第一个问题就是：“你们爱自己的孩子吗？舍得管束他们吗？”

答案通常是：“当然了，当然舍得。”或者：“应该舍得吧。你说的管束具体指什么？”

我赶紧补充道，我说的管束并不是惩罚。多年来我在各种讨论会对千百名父母和老师谈起过这一点。我的主旨只有一个：**如果你爱自己的孩子，就要用有效的方法来管束他们。**

如果说现在的家庭缺少了点什么，那就是对孩子的管教缺乏一套完整而宽厚的策略。几乎每天在办公室里我都会看到那些对孩子缺乏管束的后果。

家长们会问我这样的问题：

“我该用什么方法来激发理查德的潜力啊？他潜力无限但就是他自己根本不在乎。”

“丽莎经常偷偷喝酒，还跟坏孩子在一起。我们很害怕。该怎么办啊？”

“我们该怎么办啊？比利都不听我们话了。他现在叛逆极了，还满口脏话。”

“我们家的雪莉偷东西，还不以为耻反以为荣。她认为自己没有做错。我们怎么阻止她啊？”

每当我问这些父母遇到这样的问题会用什么方式管束孩子时，他们似乎没有具体的方法。他们的方法显然不管用，而且除非有人给他们敲响警钟，他们才不会走向真正的灾难。

你可能听到过一些育儿专家的说法：“我们必须要上过驾驶课才知道怎么开车，要实施心肺复苏术也必须要修过这门课程，但是任何人不管怎样都可以为人父母。”

专制和放任的方式

如果没有经过专门的培训和信息的灌输，大多数人都会按照自己被养育的方式来养育子女。这也就意味着一般会是专制、放任或者是两者兼而有之中的一种。

专制者在限制方面过于强硬

这种专制主义是基于对限制的一种扭曲的认识——认为对孩子的限制越多越好：“你只要一天住在我们的屋檐下，你就要遵守规则，这没什么可说的。”

专制的父母总是认为自己知道什么最适合孩子。许多我这一代的父母都是在父母的专制下长大的。如果你是这种情况，你就明白那时候孩子没有发言权。父母告诉你怎么做就要怎么做，还要保持沉默。如果你不服从命令保持安静，你就麻烦了。

我记得我作为“常驻心理专家”上过一个谈话节目，其间跟主持人聊天的时候，我们谈到了家里的排行问题，她说，她是家里的老大，父母给她很大的压力，他们要求她一定要表现得足够好，要做到完美。当她做得不够完美的时候，父亲就让她到外面的树丛里找根枝条，拿回来给他，然后打她一顿。不用说，这位女士从小成长在一个专制的家庭里。

放任其实是种扭曲的爱

放任是对爱的一种扭曲：“我们要做的就是疼爱小布福德，其他一切都好说。”如果父母放任孩子的行为，孩子就会由着自己的性子来：

> “小约翰，亲爱的，8点了……要不要去睡觉啊？”
>
> “哦，没关系，亲爱的。让珍妮弗买大黄蜂（丹麦运动品牌）吧，她喜欢。”
>
> “如果我让弗斯塔斯干他想干的事，他就会爱我，而且会很听话的。”

事情当然不会如这些父母所期望的那样。放任行为只能养育出家里的小皇帝。放任只会导致叛逆，因为孩子们会因为父母对他们缺乏引导和管束而愤怒，甚至产生仇恨心理。

溜溜球型的父母

在许多家庭中还存在另一个问题就是教育方式不一致。一个家长专利，另一个家长放任这并不是什么稀罕事。还有就是一位家长可能会兼有两种方式，通常这位家长竭力宠孩子，在某些方面很放任他，但是当他看到小弗斯塔斯在屋里玩火，又不是为了点壁炉取暖的时候，就抑制不住，顿时火冒三丈。

这样来回地转换，由放任到专制，再回去，这种方式就很不一致，弄得孩子像溜溜球一样上上下下的。怪不得不少孩子长大后变得像溜溜球似的，自我认识不清晰，自尊心弱。孩子们长大结婚为人父母后，就会认识到这种方式不管用，但是又很难改变，因为自己就是在这种管教方式下成长的，不知道还有其他的方式。

问题的答案：权威管教

但是，确实有一种管教方式可以解决这个问题。我们可以不必在专制型和放任型之间摇摆不定，而是采取一种中间策略，我把它称为权威型（authoritative）。不好意思，权威在英语中听起来很像专制（authoritarian），大家经常会把二者混为一谈。但这两种方式却有天壤之别。权威型的家长不会去支配孩子，或什么都替孩子决定。但是他们也不会让孩子主导他们，甚至整个家庭都要听孩子的。

相反，权威型的家长会适时引导孩子，针对孩子的行为制定出现实原则，为孩子量身定做特别的方式来纠正和训练他。那么究竟什么是现实原则呢？我在《教孩子，教自己》（*Making Children Mind Without Losing Yours*）这本书的前言中这样描述现实原则：

> 行为导向型原则基于这样一种理念——每天要有那么几次，你必须要把“小鹰”站立的地毯从他们脚下抽走，让他们跌倒。当然了，这句话不能从字面上理解，我并不是说真的把地毯抽出来，我的意思是要用这种方式，让孩子学会承担责任，学会对自己的行为负责。[1]

在这本书中我用了一个例子来说明权威型管教是怎么起作用的。一个 7 岁的孩子把别人的玩具给弄坏了，这时父母应该怎样做？一般说来，一种可能是上去给孩子两巴掌；另一种可能是让孩子回到自己屋里去，甚至是关在家里一周。我认为这都不是最好的做法。在这种情况下，处理问题要基于现实，现实是你打坏了别人的东西，那就要赔。

那一个 7 岁的孩子怎么给别人赔玩具呢？就从他的零花钱或是存钱罐里出。顺便补充一句，利用他的零花钱，是父母用来教给孩子现实原则最好的方式之一。说出来绝对让人吃惊，孩子在很小的时候就会管理自己的钱财，早就是理财专家了。即使是很小的孩子也会很快明白“账本底线”的概念。假如因为他的行为要从自己口袋拿钱，他马上就会思考他到底干了什么，为什么会这样。

有些情况下可以打屁股

我说的“打”是指空手在孩子屁股上重打几下。这样做是想让孩子受点皮肉之苦，长点记性。我从来不主张用棍子、皮带之类的东西打孩子。那不是管教孩子，而是虐待儿童。

有些时候打屁股是最合适的管教方式，关键是要知道什么时候用打屁股的办法好，什么时候用别的办法好。在《教孩子，教自己》一书中，我讲了打孩子正确的和错误的方式。如果你真的要打孩子，一定要先控制住自己，不要让愤怒冲昏了头，一定要保证打过之后还有“后续”。打完孩子之后，你有责任告诉他你为什么打他。在这段后续时间中最重要的是跟孩子有身体接触。抱着孩子告诉他你是怎么想的。解释你为什么很失望，是什么让你生气，为什么要打他，还要说明你对他以后的行为有什么期望。

此外，你还有义务去倾听。如果孩子愿意说，就让他们把自己的想法说出来。是什么让他生气？他为什么要说那些话？为什么要那么做？孩子可能想道歉或是很自责。如果他道歉了，你一定要鼓励他，要让他感受到爱和温暖。你可以说自己很抱歉打了他，但是你打他是为了让他学会正确的做事方式。[2]

在电台做节目的时候，不断有人打电话质疑我打孩子的办法。他们会说这是行不通的，他们甚至会用最近一项政府组织的调查做例子，说孩子们挨打时的反应是多么地吓人。当然了，这项调查的对象都是些每周至少挨两次打的孩子。在对“打孩子”的认识方面，我没有什么数据可以说明，但是我有个好主意。

假设有人来拜访我，说：“莱曼博士，我和丈夫已经结婚两年了，现在妻子怀孕了。我们现在计划每年打孩子 104 次。你怎么看？”

我会怎么看？如果你想让孩子疯掉，那就用这种疯狂的手段来对待孩子吧。

我很佩服的一位同僚就是约翰 · 罗斯蒙德（John Rosemond），上百家报纸上都有他的育儿专栏。他还写了不少畅销书，其中包括《打还是不打：家长手册》（*To Spank or Not to Spank: A Parent's Handbook*）。在他看来，我们的文化在这方面似乎走向了极端。一方面认为，对孩子的任何体罚都是对孩子心理上和身体上的虐待；另一方面则认为愿意怎么打就怎么打，还引用《圣经》为自己开脱："闲了棍子，惯了孩子。"但是罗斯蒙德说："你打得越多，就越没有效果。"[3]

我完全同意。有一天，我和桑德在算我们一共打了孩子多少次。我们 5 个孩子，总共打了他们不超过 8 次。

在讨论中还有一个重要问题就是，孩子多大的时候我们才可以打他或是不再打他？在我看来，2 岁以下的孩子是不能打的。因为他们对你的行为还没有概念。但是 2 岁以上，孩子就开始有概念了。[4] 打孩子的一个很好的理由就是孩子的行为涉及安全问题，如果他坚持干危险的事，比如自己跑到街上去，那就需要用打来警示他。

至于何时停止打孩子，我个人的意见是孩子到了六七岁，你再打他就没什么效果了（这要看孩子的具体情况，但这是一般情况）。坦率地说，孩子六七岁之后你可以用更多有效的方式来管教他们，这点在《教孩子，教自己》一书中有详细的介绍。

还有一点很重要：如果你小时候自己受过鞭打或是其他体罚，就不要再把打孩子作为管教的手段了。你很可能会失去控制。而且如果你经常打孩子，你就应该认识到你跟孩子的关系了出问题。正如著名作家乔希·麦克道尔（Josh McDowell）所说：**没有亲密关系的规则会导致反叛。**[5]

现实原则为什么会起作用

《教孩子，教自己》一书中包含了教育孩子的许多办法——从控制脾气到睡觉前的战争，从处理孩子的说谎问题到督促他们做作业和早起。这对家中任何排行的孩子都有效，因为它是基于孩子的特点，适应孩子成长过程需要的基本约束。

1. 现实原则是避免在专制和放任之间摇摆不定的最好方式。大多数家长原本都知道自己应该有权威，对孩子要管束，但要合理公平。那么取得权威的合理方式就能够在现实原则中获得。

2. 在现实原则中父母绝不会去惩罚孩子，他们做的只是管束、训练和教导。从长远来看，管束比惩罚更有效。

3. 现实原则采用的方式是引导而不是强制，而且它是行动导向型的，不仅限于口头。如果“惩罚”（我的意义上的惩罚）、疼痛或是产生的其他后果，实际上不是父母想要的而是现实要求的，你的孩子就会慢慢知道现实世界是怎样运作的。

4. 现实原则让孩子学会不管做了什么都要对自己的行为负责，让孩子从经历中学到东西。这些经历可能会包括失败或是成功，但不管怎样，孩子们学到的是对自己的行为负起责任。

5. 最重要的是，现实原则是避免我所说的超级父母综合征的最好办法。超级父母就是那些告诉自己的孩子绝不能失败的强势父母。等到把孩子培养成有完美主义倾向的时候，问题就严重了。[6]

千万不要用一种方式对待你所有的孩子

我坚信，父母不应该对所有的孩子都用同一种方式。不管是在做客《父母驿站》的时候，还是在其他场合发言的时候，很多父母都会就此提出不少问题。他们会说：“天啊，为什么不能对每个孩子用同样的方式呢？公平一点不是更好吗？”大多数人都会认为公平就是用同样的方式对待所有的孩子。

在我看来，真正的公平并不是用同样的方式对待每个孩子，而是根据孩子生活和发展不同阶段的需求和特点来选择方式。所以说排行不同，方式也要有所不同。你必须要用不同的技巧和观念来教育排行不同的孩子。

我不是建议你去宠爱某个孩子，而不宠爱另一个。实际上如果你采用现实原则根据孩子的不同需求来区别对待，这才是真正的公平。

例如，我坚信儿童在家庭中要承担起符合其年龄的责任。但是现在的一般情况是什么呢，在大多数的家庭中最大的孩子或者是挨得近的两个孩子要承担的比自己该承担的份额多，而那些小一点的就“完全脱身”了，理由是“他们太小”或是“不放心”。

当孩子到了 14 岁或 15 岁进入高中，作业多，还有很多课外活动，这个时候家务活分配就该调整了，那些小一点的就应该接替哥哥姐姐的活了。实际上我建议给青少年减负，把诸如捡垃圾这样的事交给弟弟妹妹去干。尤其是家里的老大，就不应该给他们指派太费时的杂活。

霍莉 16 岁，克丽丝 14 岁的时候，她们就不用再去捡垃圾了。这个活成了小弟弟凯文的，那时候他 10 岁。现在你可能会反驳我说：“我可不能把活交给小孩子去干，他们做事一点也不可靠，信不过他们。我就是信得过我们家老大!”你说的这些都对，但是如果你从不给他们机会，那些小孩子什么时候才能学会有责任心啊?

每个孩子长大后，我和桑德给他们派的一个任务就是由他们去开一定时间内的支票来支付账单。这个时间一般是一年，但是让某个孩子做 6 周或是 6 个月，还是多长时间都是无所谓的，这个你可以自己看着办。重要的是通过这种方法可以让孩子了解一下经济生活，什么东西值多少钱，什么账单必须要按时支付。而且这个任务最好是交给大点的孩子做，而小点的孩子可以处理垃圾，帮忙做饭，或是做其他的事。

现实原则可以建立合理的自尊心

我听说，在西部的一个州有个学校，学生的成绩将不会再有 D 级和 F 级。相反，孩子带回家的成绩单上会说孩子各门学科取得了哪些进步。很明显，这个新策略的目的是避免给孩子贴上失败的标签，说他正在取得进步比说他不及格，挫伤其自尊心要好得多。

积极进取的人也会失败。如果你想帮助孩子建立自尊心，最好跟孩子坦诚相待，督促他发挥自己的能力。如果孩子需要进行专门辅导，那就请家教。但是千万不要让他就这样草草地进入下一年级。

大多数父母会认为非要为孩子做什么事才能够提高他的自尊心。不，是他们在父母或是其他家庭成员的协助下，自己做什么事才能够建立真正的自尊心。

如果孩子做了有益于他人的事，他们就会产生这种思想：“我也是大人了。

我也可以帮助别人了。我也可以贡献自己的力量了。在家里我也是很重要的。”这样一个孩子就能成为一个给予者而不是索求者。这就是健康的自尊。一个良好的自我形象的重要基石就是要认识到做你自己就好。孩子如果跟父母关系好，他就很容易树立良好的自我形象和健康的自尊心。

不要把孩子托给陌生人

我经常跟父母说，现实原则需要父母时间上的投入。太多的父母一心想去干其他的事，希望孩子在此期间要懂事，但事实并非如此。

父母们最大的错误之一就是把孩子交给陌生人，而不是花时间跟孩子在一起。如果有陌生人敲你家门说："可以把车给我吗?"那你会把车给他吗？当然不会。你会说："什么？我不认识你。"那为什么我们会把孩子交给陌生人呢？如果我们细心想想，就会发现我们美国人现在就是这么干的。

孩子 5 岁的时候就让他踢足球；6 岁时，玩 T 型球（软式垒球）；我们让他们加入俱乐部，参加舞蹈班。因为我们认为这是为他们好。但是没有任何证据（至少在我看来）证明参加这些活动对孩子有益。这些年来每当我要给 7～8 岁的孩子提供心理辅导的时候，总是感到很惊异，这么小的年纪就被生活压垮了。这说明我们整个社会出了问题。下面的故事说明有些孩子根本就没有准备好去接受高强度的训练。

有一天我在外面散步，正好碰见一组少年 T 型球队在训练。头两个击球手一上垒就犯了典型的错误。然后，跑垒员在一垒二垒的位置上，第三个击球手猛地打了一个地滚球把球打到了场地的中心。我看着这个高速旋转的球，就想如果没人截断的话很容易就打成场内地滚球。

接着我就看向那个中场手，但是看到的是他的小屁股。他四肢并用，脸背着场地，似乎在找什么东西。突然他的父母大叫起来："洛根，洛根，抓住球!"

球正在高速朝栅栏那边飞去，洛根把手拢在嘴上做个喇叭，喊："我在找四叶草呢!"

后来，轮到洛根一方击球了，他和其他的外场手跑进去，直接到教练面前说："我们想休息。"

教练没听清楚，以为他们问，"现在可以击球了吗?"就告诉孩子们说，"根据那边树上公布的击球顺序他们得等会儿。"

"不是，不是，"一个孩子说，"我们不是想打球，我们想坐下休息!"

教练很疑惑，好像是说："你是说，不想打了?"

这才是孩子们的意思!

这个真实的故事告诉我们：

（1） 洛根和他的伙伴们玩 T 型球，是因为爸爸妈妈认为他们参加体育运动对他们有好处。

（2） 洛根太小了，用我以前的棒球教练的话说就是："心不在比赛上。"对，他的心在别的地方，如果球正高速向他飞来，问题就严重了。

（3） 或许父母们应该认真考虑减一下速，不要过早地把孩子推上快车道。

我爱运动。我小时候在少年棒球队打过球（我儿子小凯文也是），但是没有理由让孩子一年参加三四项运动。这不仅给他造成压力，同时也给父母造成压力。像有些孩子学踢足球，妈妈们就说："天啊，我都成专职司机了，就差把我那辆车喷成黄色的了！"（出租车的颜色是黄色的。）如果你一直存有这种想法，认为孩子不多参加活动就落在别的孩子后面，你也会加入这些妈妈的行列。

我的建议是每学期让孩子自己选择一项活动。放慢步伐，多给家庭留点时间。如果是单亲家庭，家长可能认为让孩子整天忙于参加活动也是合理的。有些家长就这样说："先生，这总比让孩子在外面胡闹好吧？"我这样回答："对，是好，但是从长远来看，过多地参加活动对孩子来说不是最好的选择。"

让孩子的四肢忙碌并不一定会让他们愉悦。我们应该多跟孩子们待在家里，没有人比你更适合教自己的孩子。**在孩子身上多花点时间。**

● 如何成为孩子最好的朋友

The Birth Order Book

下面是 9 种成为孩子最好朋友的方法——同时还能拥有他的心。

1. 违反规则的行为要管束。比如，孩子乱花零用钱，这周没结束，他又要其他的东西了，你就可以说："对不起，这个要用你的零花钱买，如果你都花完了，就要等到下周六了。"
2. 千万不要用武力让孩子就范。记住，牧羊人的鞭子不是用来打羊的，是用来引导羊的。
3. 只要有可能就使用行为导向的办法来教育孩子。

4. 尽量保持行为一致。
5. 强调秩序的重要性。工作完了之后再玩，干完杂活再吃早饭等。这种概念强调了服从。
6. 一定要让孩子对自己的行为负责。
7. 经常跟孩子交流他做得好的事情，即使有时候孩子的行为可能有点不负责任。
8. 经常给孩子选择的机会，强调合作精神而不是比赛竞争。
9. 如果打孩子有必要，你一定要保证能够控制自己的情绪。打完之后一定要向孩子解释，为什么要打他，还要把这句话有力地说出来，“我是爱你、关心你的。”[7]

11

帮助老大远离完美主义

在一个学前班，老师递给小玛丽卢一把剪刀（当然不是尖头的）和一张红色的纸。玛丽卢的任务就是剪一个大圆圈。她努力剪着，而且剪得不错，但她突然把纸揉成一团，把剪了一半的圆圈扔到了地上。

老师走过来，问道："玛丽卢，怎么了？"

"不剪了！"

"我来帮你……来……"

"不！我不想剪了。太傻了！"

老师叹了口气，心想玛丽卢是怎么回事。

这其实没什么奇怪的。玛丽卢是家里的老大，她的父母都是非常有能力且自信的人。尽管刚满5岁，但是玛丽卢表现出老大和独生子女的一个主要特征——完美主义。她一生都要在这个重负下生活。

沮丧型完美主义

让我们看看玛丽卢跟妈妈在一起时是什么样的吧。玛丽卢会自己整理床铺，这对一个5岁的孩子来说已经很好了。妈妈进来看见了，就说："哦，亲爱的，床铺整理得真好！"玛丽卢高兴地笑了，可是妈妈接着说："把褶皱抚平。"

这给玛丽卢传递的信息是什么呢？"你的床铺整理得不错，但还不算最好。"所以说，玛丽卢在学前班剪出一个不是很完美的圆圈就抓狂也就不足为奇了。她如果不能做到完美，就什么都不是了。现在她的负面完美主义才刚刚萌生，如果她妈妈继续这样对她挑剔下去，那么到她长到十几岁的时候沮丧型完美主义就完全形成了。我给很多有这样倾向的青少年做过咨询。这种孩子很好辨认：

> 有沮丧型完美主义倾向的孩子，虽然自己的能力很好，但还是完成不了学校布置的任务。问题就出在他们不知道自己已经做得很好了。
>
> 有沮丧型完美主义倾向的孩子，会着手很多活动项目，但是最后都不会完成。
>
> 有沮丧型完美主义倾向的孩子，对任务会有恐惧，他们甚至都不敢试一下。
>
> 有沮丧型完美主义倾向的孩子，老师对他们的评价是："有很大的潜力。"
>
> 有沮丧型完美主义倾向的孩子，父母都很有控制欲，很挑剔或是很有进取心。

一提到沮丧型完美主义这个词语，两个生动的形象就浮现在我脑海里，我们就把这两个年轻人叫作弗兰克和约翰吧。弗兰克的父亲是个独生子（外科医生），母亲是老大（注册护士）。因为弗兰克的“脾气问题”，他的父母带他来向我咨询。情况看起来是这样的，如果弗兰克当天的计划完成不顺利的话，他就会暴躁起来。大多数孩子在 12 岁的时候连 15 分钟的计划都做不好，但是弗兰克一整天的计划都能做出来，这是他从他那计划严谨的医生爸爸那遗传来的。

弗兰克虽是家里的老二，但是比哥哥小了整整 7 岁。家里的父母都是具有高技能的专业人士，他跟哥哥中间又隔好几年，弗兰克不自觉地就有了老大的一些特征。

其实弗兰克很容易就被看成是个独生子，因为他具有独生子的典型特征，就是跟同龄人很难相处。但问题是他跟谁都相处不好。朋友们对他的计划表都不屑一顾，如果弗兰克的计划进展不顺利（经常的事），他就会发脾气，找人打架。在家里如果有人打乱了他的计划，他就开始踢东西、扔东西，有一次还差点把家里的狗身上弄出洞来。

弗兰克在许多方面还是完美主义者，但现在至少他能够控制自己的脾气，因为他明白了自己无法控制一切，最重要的是，他不必让自己变得完美来赢得父亲的肯定和爱。

哦，至于约翰嘛，实际上我没给约翰做过咨询，我连见都没见过他，那时候我还是亚利桑那大学的学生教务助理。但是他的履历我还是能得到的。他在大学期间，成绩一直是 A，并且即将拿到最高荣誉，从亚利桑那大学毕业。在遗书中他说：“在这个世界里我真的无法达标了，或许在另一个世界里我会更出色。”

追求完美导致的问题会很严重，甚至是致命的。大多数人并不会像约翰那样，但是这种情况也可能发生。同时，不少完美主义者也会与自己的这种想法做斗争，因为不管怎样努力都赶不上爸爸妈妈（父母本身可能不是完美主义者）。请记住一点，并不是因为他父母是医生和护士，弗兰克才变成沮丧型完美主义者的，而是因为他的父母过于有能力，过度地爱孩子。

因为老大在 1 岁的时候就会把爸爸妈妈作为榜样，并且在心里就想“跟他们一样”。这其中包括要像他们一样有能耐，这对于一个小孩子来说显然是不可能的。长大后虽然看起来并不像完美主义者，但是他们却是沮丧型完美主义者。懒惰和贫困的学生往往会变成那些不敢去尝试的沮丧型完美主义者，因为失败对他们来说太痛苦了。

假如父母对老大额外地关注（或是说过度爱护），那么老大们就更想追寻父母的脚步了。他们往往会过分保护孩子，当然了他们也会不自觉地让孩子去完成不管他们能不能完成的很多事。所以老大总是走路说话比其他排行的孩子早，而且懂的也多。老大们和那些追求完美的独生子，在成长的过程中一直被看作“小大人”。

每个老大都会有种被废黜的伤痛

老大们不仅要与完美主义做斗争，而且他们在家里迎来老二的时候还要经受被“废黜”的伤痛。一般来说，在孩子们的眼中，很长一段时间内老大都会是家里的焦点。如果在老大 3 岁之前爸爸妈妈还没有要老二，那么 60% 的老大在迎来家里的“入侵者”之前，他们的生活方式就已经形成了。并且这种生活方式让老大们知道他才是家里的主要人物。所以说，父母们最艰巨的任务就是要让老大为老二的到来做好心理准备。

对父母要老二，我的建议是让家里的老大把一些不安全的玩具收起来，不让小弟弟或小妹妹发现。同时，让老大决定哪些玩具他想给自己的小弟弟或小妹妹玩。最后，一定要向老大表示弟弟或妹妹出生之后，爸爸妈妈会对他们一碗水端平，保证对他的爱不会减少。

当第二个孩子从医院接回来之后，老大就会慢慢明白，这个小婴儿不是暂时待在家里，而是要一直待下去。在这方面一个很好的策略，就是让老大也参与照顾孩子。如果可以的话，可以让他帮着喂孩子或给孩子换尿布。老大换的尿布可能歪歪斜斜，但是你要咬咬牙，控制住自己想调整的冲动。

还有一种方法就是跟老大表示婴儿现在还做不了任何事："宝宝不会抓住球，也不会走，不会说话，什么都不会做。"到了睡觉时间，你可以告诉你三岁的老大不用急着去睡觉，他可以跟爸爸妈妈一样晚点睡。

废黜绝不是个小问题

不管你怎么帮助老大做调整，心里一定要明白新生儿的到来对他来说是个很大的困惑。他会问："为什么？是我做得不够好吗？"在老大和老二之间天生就存在竞争。开始时可能不是很明显，但是这肯定是存在的，而且迟早要发生。

我和桑德至今看那些当年的录像时还是很诧异。那时候我的母亲给我们俩还有霍莉和刚出生的克丽丝录像。录的时候我们都没注意到（我的母亲也没注意到）18 个月大的霍莉用胳膊撞克丽丝的肚子，笑得很灿烂。

我们拿回录像带的时候，心情很复杂。霍莉这个小动作很可爱，但是这也证明了老大已感觉自己被废黜，很想从父母那里重新得到属于自己的那份爱。

老大这种自然又有些自私（对孩子来说其实是一种自我保护和生存意识）的倾向也说明了为什么父母在新“入侵者”到来之后要给老大“特殊待遇”做平衡了。但是一定要防范老大以此控制你来获得优待，甚至是宠爱。千万不要屈从于孩子的脾气或是哭闹。如有必要就把老大先晾在一边，过段时间再跟他谈。

如果你管教老大了，事后一定要拥抱他，抚摸他，跟他强调老大的优势，因为他们比弟弟妹妹能干更多的事情。这样你就会为培养出一个愿意协作的老大打下基础，他度过废黜危机也就容易些。

如果老大确实被老二抢了位子，那么像权力和权威这类问题就变得很重要了。如果他不来吃早餐，还说：“我是老大，把爆米花递给我。”那么他的小脑袋很明白权力和权威的含义。阿德勒强调了权力斗争的重要性，在弟弟妹妹出生之前老大享有着自己的权力和王国，但是弟弟妹妹出生之后就完全不一样了。因此，在老大成长的过程中，他可能会过分强调规矩和法则的重要性。换言之，老大会“严格遵守规则”，不希望有任何的偏差。

此外，我们必须要清楚，父母一般会对老大要求严格，给他们立下许多规矩，但是对后来的孩子却不一样，这种情况很典型，甚至是不可避免的。毕竟，父母必须把第一个孩子“教育好”，所以对他必须严格。无论在什么场合下，我一直强调父母一定要有权威，对孩子要公平有爱，但是也要有自己一贯的原则。正如我们在上一章中谈到的，权威型的父母介于放任型和专制型之间。

能重来就好了

其实就算是有博士学位的心理学家也得承认理论和实践之间还是有差别的。有时会有人问我：“回想一下你对孩子的教养，你有后悔的地方吗，如果能重来你还会这么做吗?”问得好！如果真有这样的机会，对霍莉我会改变方法，她是家里的老大，进取心太强，又过于循规蹈矩，是个典型的完美主义者。

在前文我提到，家长对待跟自己排行不一样孩子的方式可谓五花八门。对我们家后面几个孩子我比较宠爱，尤其是对儿子凯文。当家里只有霍莉和克丽丝的时候，我就对克丽丝过分关心了，她小一点，经常受到姐姐的取笑和压迫，姐姐这时候还在为地位被抢而伤心呢，总想在各方面跟妹妹争。所以我就对克丽丝更加偏袒，而对霍莉有些过分了。

其实大部分的竞争是由霍莉发起的（我们又回到老大被废黜的问题上来了）。霍莉在录像中用胳膊撞克丽丝仅仅是个开始，接着她就开始整日管起克丽丝的生活来了。

现在我们还有一盘录像带记录着霍莉抢夺克丽丝的玩具，还说：“你可不想玩这个。”霍莉所说的“这个”指的是个会蹦跳的橡胶青蛙。

谈到钱的时候，霍莉会一直告诉克丽丝：“这些大的（五分）比那些小的（一角）值钱多了。”

克丽丝再大点的时候，就不再吃霍莉这套了。很多时候听到两个人吵架，克丽丝对她姐姐抗议，我就赶过来训斥霍莉，因为我认为霍莉大，应该“明白事理”。现在我敢肯定了，很多时候其实是克丽丝在陷害姐姐，她的那些技巧只有排行靠后的孩子才会有。

但我得承认，那时候克丽丝可骗过了我——谁会想到小的那个是错的呢？这时我就会狠狠地批评霍莉：“霍莉，那是小克丽丝的。你自己有！现在放手！”

但是也有时候，对霍莉确实是太不公平了，我会让她回屋，甚至还会打她。我这样做是专制的完美主义吗？应该不是。我这样做仅仅是因为受够了看老小被老大欺负，在我成长的过程中，我自己无数次地遇到过这种情况，我哥哥杰克（甚至是亲爱的姐姐莎莉）都曾让我日子不好过。

现在回想起来才意识到我应该遵循现实原则，发现她们打架争吵的时候，对两个人都要管束。毕竟争吵或是打架是两个人的事，一个巴掌拍不响。

专制很可能导致沮丧型完美主义

经常有人问我哪种类型的教养方式危害更大，专制型的还是放任型的？对此我给不出确切的答案，但是在我看来，在父母专制的影响下，不能满足父母要求的孩子很容易变成沮丧型完美主义者。

14 岁的尼克尔就是个很好的例子。她因为逃课和偷东西已经被学校勒令休学了，她的父母带她来我这里，向我咨询怎么治疗她的“反叛”。

我跟尼克尔单独谈了谈，很快就发现她很不自由，都 14 岁了，还不能自己做决定。父母对她的一切都要管——穿着、进出、睡觉时间。听着她的讲述，我就感觉她好像是住在少年管教所里似的。这样一来她为了跟朋友在一块儿就会说谎、偷窃，并且还开始喝酒、打架。尼克尔有自己的计划——到 18 岁的时候，就离开这个家，买辆车，跟父母决裂。

尼克尔是家里的老大，还有个 11 岁的妹妹和 8 岁的弟弟。她那位追求极端完美的妈妈，总是把家里收拾得井井有条。有趣的是，尼克尔一直把自己的房间收拾得很整洁，但这仅仅是种掩饰，她用的是投其所好的策略。

一开始对她的治疗一直没什么进展，后来我发现其心理问题的症结在于父母的专制行为，为什么尼克尔害怕对他们倾吐心声——她害怕受到严厉的惩罚，甚至是被永远地赶出家门。

幸运的是，她的父母听取了我的建议，所以我们的确取得了一些进展。六周之后，我收到了尼克尔的来信，告诉我在接受咨询后所取得的进展。其中一部分是这么写的："妈妈和爸爸给了我更大的个人空间，我没有再对他们撒谎。现在我对他们很坦诚，这种感觉真好……"

尼克尔这个例子也说明了，父母不应该看着老大没有遵守规矩就认为他们不是完美主义者。相反，这个孩子还可能会违反很多规矩，因为他是个不能很好地处理生活的完美主义者。

挑剔的超级父母

让我们面对现实吧。关于如何教养孩子有许多东西可以参考。如果父母想要加以利用，实际上有不计其数的书籍、文章、小册子、录音带、光盘、电影和录像带教你如何成为超级父母。而且我知道我有时候说话的腔调同其他专家别无二致：

> 千万不要这么做……一定要这么做。
> 别光说不做，行动要快。

执行现实原则要坚决有力。

对孩子要关心、爱护，要顾及孩子的感受。[1]

如果我给大家留下了这样的印象，我道歉。实际上，我认为，我们并不需要超级父母，尤其是老大和独生子女们更不需要。他们竭力模仿父母，已经吃尽了苦头。在孩子的脑袋里，父母就是完美的人，永远不会犯错。我从不相信这世上会有家长从不犯错。但是却有家长拒绝承认自己犯了错！

如果我上面的话让你对自己是否是个挑剔的完美主义者有所思考的话，那你接下来应该怎么做呢？我最不希望看到的是你虽然承认自己犯了错，却想一劳永逸，以后不会再犯错。但是你还会再犯错的，还不止一次，因为这是由你的本性决定的。如果你真的踏上了完美主义的快车道，马上停下，改变方式，请求孩子原谅。为了达到这个目标，最好的方法是学着追求卓越，而不是追求完美。

这也会让你明白孩子们更需要鼓励而不是刺激。孩子们有问题的时候学着拥抱他们说："一切都会好起来的。怎么了？事情不顺利吗？需要我帮忙吗？"

看看下面这一经典场面：一位妈妈对她 4 岁的孩子乱糟糟的玩具盒和乱七八糟的房间感到头痛，然后就让孩子进去收拾好。那么问题来了，这项任务对于一个 4 岁的孩子来说太艰巨了——房间里到处是玩具、书、蜡笔、拼图，他从哪里着手呢？

除非你跟着进去帮他收拾，否则他永远也收拾不好。你就坐一边，对他说："这里应该收拾收拾了，是吧？你收拾玩具的时候，我跟你说说我们晚饭后要干什么。"这样一来，孩子至少能把房间的一部分收拾好。把所有东西收拾得井井有条对孩子来说很难，你可以帮他干点儿，但千万不要把大部分活都干了。

那些挑剔的追求完美的父母最大的冲动就是向孩子传达这样的讯息："孩子，你得努力，你必须要做到绝对完美，否则我不会满意的。"

放心，我不是说你应该让孩子不专心地干活或是一点都不干。考虑到现实原则，我们应该让他对自己的行为负责。但是，这并不是说你要求他必须是完美的。不要把自己的完美主义信条抓得太紧了。或许你可以让他整理自己的床铺。对 4 岁的孩子来说整理床铺可不容易，你可以帮他，但是他力所能及的事一定要让他自己做，而且假如被子上还是有褶皱，你就不要替他再叠一遍了，你要做的是祝贺他的成功。

你要学会灵活变通，尽量避免发号施令，要学着去帮孩子做事。记住，你既不是警官，也不是监工，而是孩子的榜样。你要找机会向孩子证明：你也是人，你理解他，因为你也不是完美的，而且犯了错也不等于世界末日到了。换句话说：要表现自己的不完美！

要表现你的不完美，你可以时不时地让孩子帮你忙。我不是说只是让孩子帮忙照顾婴儿或是简单干点家务，我这里说的是更深一层的，你可以问孩子这样的问题："可以帮我看看今晚我们吃什么吗？""你认为我们应该把这盆花放在哪里呢？""你感觉你妹妹这么大可以玩这个游戏了吗？"

在上一章结束时，我给了大家 9 个"做孩子好朋友"的小技巧。这 9 个技巧都是教你怎样使用现实原则的。假如你这么做的话，你就能成为孩子最好的朋友。我强烈建议初为人父母的年轻人经常回头看看这些技巧。记住你在这方面是新手，是孩子都会犯错——父母们也一样。所以不要一心想着把孩子塑造成是世上第一个完美的小孩。

关于如何养育家里的老大和独生子女，请参考以下建议：

养育老大和独生子女的 7 个建议

The Birth Order Book

1. 管教老大的时候，千万不要一直用“你应该”的口气来加强他们追求完美的心态。其实，对家里任何人说“你应该……”都是不明智的，尤其是对老大说，这就像是在公牛面前挑的红布。他们已经对自己要求很严格了，你再这样说，对他们而言就是双重打击了。
2. 对老大或是独生子女说话做事，不要总是想去“改进”，以便让事情变得更好。这也是固化他们完美主义思想致命的方式。无论孩子做了什么，无论是有褶皱的被子还是不怎么整洁的房间，你都要慢慢接受。如果你重新做一遍，你向孩子传达的信号就是你还不达标。
3. 老大需要有明确的规矩范围。你一定要有耐心，把事情的一二三四都说清楚。
4. 要承认老大在家里的地位。作为最大的孩子，老大应该得到一些特权，这样他们才愿意承担比别人更多的责任。
5. 要留出陪伴老大的时间——父母可以带老大单独出去。老大比其他排行的孩子都珍惜父母的陪伴。老大时常会觉得父母不重视他们，因为父母把大部分时间都花在了弟妹身上。
6. 尽量不要把老大当作“及时保姆”。至少问问他们在那个时候有没有自己的计划，可不可以帮忙照看孩子。
7. 随着老大年龄的增大，不要一直往他们身上“堆”责任。谨慎批评和纠正老大。在一次讨论会上，有个老大跟我说：“在家里我就是个垃圾桶。”他的意思是他在家里什么都要干，但是弟弟妹妹就可以逍遥自在。

12

缓解两个孩子间的竞争

几个月前，我和桑德带着25岁的女儿霍莉去吃饭。点完菜后，我们都在椅子上坐好了，霍莉笑着说："本来就应该是这样的。"

我们俩就笑得不行了，因为我们知道她说这话是什么意思。现在都25岁了，她还是会认为，有兄弟姐妹并不会很甜蜜，很轻松，她就像是被从皇位上拉下来了，内心也有伤痛，但是今晚——至少这一晚，她可以完全拥有爸爸和妈妈。

第二个孩子带来的竞争

对老大的教育主要在于防止他们变成沮丧型完美主义者，但是教育老二就要小心他们的竞争心理了。

老二抬头仰望着坐在顶端的老大，他们也会努力地到达那里。不管第二个孩子何时到来，一些基本的原则是不会变的，包括**老二会根据对自己和他们生活中重要的人的感知形成自己的生活方式。**

不用说，老大是老二生活中的关键人物之一。对家里所有的孩子来说，总是排行上离自己最近的那个哥哥或姐姐对自己影响最大——老二受老大影响，老三受老二影响，依此类推。

老二可能在很多方面跟老大竞争。有些人会公然竞争，有些人则更聪明，暗暗地较着劲逐步达到自己的目标。这方面的经典例子之一就是《圣经·旧约》里雅各和以扫的故事。

哥哥以扫，是一个粗壮的男子汉，大部分时间他都待在户外。而雅各呢，在很多方面都更圆滑一些。他整天在家里晃荡，像个“庄园主”，又像个美食家。他还是母亲的最爱。当以扫狩猎回家之后，雅各看他十分饥饿，心生一计。雅各炖了些牛肉。牛肉的香味充满了整个屋子。以扫向雅各要了些牛肉，然后狼吞虎咽地吃起来，而雅各决定让以扫为此付出代价：“用牛肉换长子权力怎么样？”他说。

我们回顾历史就会发现从前的长子会享有其他兄弟没有的特权。这种特权被称为长子继承权，而且在今天这种传统还是有的。例如，在君主制国家中，长子会继承王位。在《圣经》所讲述的时代，长子继承权指的是长子在继承遗产的时候会得到双份，因此雅各的这个建议，用牛肉换权力，显然是蛮横不公的交易。

这个老大以扫也没多想。坦白说，他脑瓜就是有点笨。那时候他想的只是此刻还饿着肚子，所以就说：“好啊，如果我饿死了，长子继承权还有什么用呢？”

以扫为什么会那么饿，就是因为他整天在外面做打猎的追逐游戏。于是雅各就给他盛了一碗牛肉，这样长子继承权就到了他的手里。后来，他的计谋终于完成了，他跟他的笨哥哥欺骗了瞎眼的父亲，让他的父亲把继承权传给自己。

现在的美国家庭不会发生老二跟老大角色转换的事，但是老二却可以在很多方面超越老大，比如，成就方面、威望方面、责任承担方面或是取悦父母方面。

两个男孩战火不断

竞争最激烈的是有两个男孩的家庭。两兄弟虽然在跟同性的同龄人交往的时候没什么障碍，但是在跟异性交往的时候可能就准备不足了。妈妈跟两个儿子的关系至关重要，她必须承担起帮儿子了解女人的责任，而且要做好榜样工作。

所以对母亲来说使用现实原则就很重要——要坚持始终如一。母亲绝对不可以对他们放之任之。权力一定要掌握在自己手中，不要让儿子欺压或是不尊重自己。因为她不仅是家长和母亲，也代表了女人在儿子心中的形象。如果两个儿子在家就爬到母亲头上，那么结婚之后他们就会欺压妻子。所以说，最近有关妻子受家暴的比率有上升的趋势一点也不奇怪，并且这其中很大一部分原因都可以追溯到丈夫小时候跟母亲的关系上。

现在我们来看看两兄弟的表现，特别是哥哥的。一般说来哥哥大多数情况下会跟爸爸妈妈站在同一战线上。他会成为家里的旗手，他清楚自己家庭的价值观而且会坚定不移地践行。他可能会成为领导者，或者说是家庭“警察”，他会让弟弟规矩起来，并担当起弟弟的保护者的角色。

对于老大来说，有个弟弟经常会令他感到很愉悦。正因如此，老大慢慢学会了一些实用的领导技巧。这也就是为什么不少老大在成年之后处于领导地位的原因。

弟弟则一直盯着哥哥，并盘算着自己该怎么做。另一个在大多数情况下都很适用的重要原则是：**老二跟老大会在性格上截然相反，尤其是两人相差不到5岁，而且是同性的时候。**

老二会思考自己的处境，最后通常会朝着与老大相反的方向走去。尽管方向不同，但是兄弟俩还是免不了会发生直接的竞争。如果老二在领导力和成就方面决心要赶超老大，情况可能就变得很尴尬了。如果角色转换真的发生了，那对老大来说简直是毁灭性打击。

如果兄弟俩年龄相差很小，竞争可能还会升级。但是如果是相差3岁或是4岁，那竞争就会小一些，并且对老大来说他领导权的实施也会顺利些。如果相差11个月，那爸爸妈妈就要忙得不可开交了。

兄弟俩年龄相差很小，哥哥就很难显现自己的优势。假如弟弟在身高和体重方面比哥哥有明显的优势，兄弟俩就很有可能发生角色逆转。

在角色转换方面，我有个很好的例子。15岁的吉米有个比他高17厘米，比他重20公斤的弟弟，而且弟弟比他长得快多了。所有这一切让吉米觉得生活对他很不公平。此外，父母对吉米要求更高，给他加上各种各样的规矩，这令吉米烦躁不堪。即使已经15岁，吉米还是9点准时睡觉。他没有什么零花钱，因为父母认为他会“乱花钱”。父母说他们无法相信吉米，不能给他自由。吉米为了报复，就说谎，偷东西，脾气还变得很暴躁。

我给他们的第一个建议就是把加在吉米身上的束缚松一松。之后，父母对他的睡觉时间也做了合理的调整。现在，吉米还有了自己的零花钱。此外我还说服他的父母修改一下家里的“18 岁之前不准开车”的铁规矩。要知道，告诉一个即将踏入 16 岁的少年，两年之后他才能开车，这无疑像拔了手榴弹的拉环还希望它不爆炸一样。难怪吉米对父母的权威如此抵触。

另外，吉米在我的帮助下，在处理角色转换方面也取得了一些进展。我建议他不要把自己跟大块头的弟弟做比较。另外弟弟迈克实际上是个性格温和的孩子，他很喜欢哥哥，在某些方面还希望能够像哥哥一样，这对我们的治疗也很有帮助。迈克并没有想倒转角色，但角色转换还是实实在在地发生了。

吉米采纳了我的建议，试着不跟弟弟处处比较，虽然他还是没有彻底地从角色转换的伤痛中走出来，但他确实已经进步不少了。脾气也不再那么暴躁了，也不再对父母撒谎了，成绩也从 C 和 D 上升到了 A 和 B。更令父母高兴的是吉米刚过 16 岁就把驾照考下来了，而且他尤其喜欢开车载着弟弟迈克。

养育两个女孩也不简单

如果家里的两个孩子都是女孩会怎样呢？同性之间的竞争仍然有，但可能不会像两个男孩那么激烈。

在有两个女儿的家庭中，我认为父亲是个关键人物。做父亲的要认识到，两个女儿会为得到自己的关注而竞争。你可以尽可能多地给每个人一对一的时间。

父母们有时候会疑惑，这样给她们单独的时间会不会让她们滋生出自私的心理。我认为绝对不会。大多数的家庭里一对一的时间还是太少，就算你给了孩子一对一的时间，也只会增强他们的自尊心，并提升其自我价值感。

这也就说明了，我们跟霍莉一块出去吃饭的时候她说的话（“本来就应该这样的!”）看似好笑，实则颇有深意。在霍莉和克丽丝成长的过程中，她们一直想单独跟我和桑德待在一块儿。至今我还清楚地记得，在写这本书初稿的时候，晚上我的大女儿霍莉会说：“爸爸，来我的房间里聊聊天吧。”而小女儿克丽丝就会说：“今晚我可以在你们卧室的地板上睡吗?”

每当她们发出这样的邀请的时候，我都会尽力满足她们，给予她们一对一的时间。我希望可以给她们更多的关爱，尤其是对霍莉，但是在跟妹妹竞争的过程中她一直是处于优势。霍莉极力地跟妹妹争宠，即使是没有什么明显的优势时，她也极力想维持老大的优越感。

霍莉虽然各方面都很出色，但是唱歌不行。她的嗓音还不只是音调上的问题。在霍莉 9 岁，克丽丝 7 岁半，凯文 4 岁的时候，他们喜欢给我们两个表演节目，他们最喜欢的节目是《安妮》。在霍莉的指挥下，克丽丝会用很大的嗓门介绍霍莉出场——“现在我们伟大的安妮出场了!”

接着霍莉就踏着舞步来到台上（就是我们客厅的前面），唱起了《明天》。噢，凯文在干什么呢？他会在地板上跟狗狗山迪玩。

我和妻子都很奇怪霍莉唱歌的时候，凯文玩着狗竟然一点都没出声。霍莉唱的《明天》就真让你希望是昨天!

克丽丝呢，虽然歌唱得很好听，但是却一直没能扮演安妮的角色。她的姐姐当然也知道妹妹唱歌好听，但是就是这个“入侵者”抢了她的“皇位”，她可不能让妹妹再成为歌唱明星了。对霍莉来说，有这么一个跟自己年龄相差不大的妹妹一直威胁着她老大的地位，也够难为她的了。

所以说，姐妹两个人的童年是在竞争中度过的。她们小时候会在家中的游泳池里玩名为“马可波罗”的躲猫猫游戏，我经常发现霍莉会耍赖。克丽丝总是很守规矩地闭着眼睛说：“马可！”但是轮到霍莉的时候呢，她会喊“马可！”，然后偷看一眼，这样她说“波罗”的时候就很容易找到克丽丝了。

现在你可能会心有疑惑，老大霍莉最喜爱的电视明星是《人民法院》的韦普纳法官，那她应该是很遵守规矩，很正直的啊，怎么会这样欺骗人呢。答案很简单。因为在她出生 18 个月后就一直有克丽丝在她后面穷追猛赶，所以她必须要赢。如果要赢，就必须打破规矩，那就破吧。

当然了克丽丝也不会逆来顺受。被姐姐耍弄几次之后，她就退到游泳池边上，坐在那仰着头，闭着眼，叉着腰——她清楚这个姿势会让爸爸坐到她身边，问她：“怎么了？”然后她就会愤怒地说：“霍莉耍赖！”

那时，我肯定会安慰克丽丝，警告霍莉了。现在回想起来才发现克丽丝一点也不弱。她跟骡子一样倔强，而且跟我们在亚利桑那州沙漠里骑的野马一样强壮迅捷……她可不是那种经常受姐姐虐待的“可怜的小女孩”。她一点也不会吃亏，所以现在如果我发现姐妹俩争吵，我就会说：“你们俩不吵才怪呢。”

一个男孩，一个女孩

可以说男孩跟女孩之间的竞争不是说一点没有，但即使有，也很少。我们来看看相差三岁的哥哥和妹妹的组合吧。三岁的霍勒斯在妹妹小霍滕丝从医院被父母接回家后，心里感觉有点异样，但他很快发现霍滕丝是个女孩，对他来说就不会构成太大的威胁了。

像霍勒斯这样的小孩子好像对这个有种本能的反应。他们也非常清楚，俩人会有不同的玩具，不同的衣服等。在大多数情况下，哥哥和妹妹的竞争并不会很激烈。而且哥哥和妹妹之间有着紧密的关系。

这种组合模式一般会使妹妹长大后很有女人味。一家人，爸爸、妈妈和哥哥都会一直在旁边安慰照顾她。

这样的家庭在孩子成长的过程中会很平静，但也有可能会给长大后的妹妹带来麻烦，她可能变得很无助，对男人过于依赖。这种类型的女性结婚后，经常会经历理想幻灭，很容易成为“七年之痒”的牺牲者。

这种无助的依赖型女人很可能会嫁给一个控制者。这些年来几乎没有哪个跑来找我做咨询的女性会对我说：“你知道我最爱我老公哪一点吗？就是他的控制欲。”

如果老大是女孩，那结果通常是身为弟弟的小男孩会有第二个母亲。这倒是完全可以，除非男孩觉得“两个母亲”的爱太多了。

我想起了一个15岁的男孩沙恩因为妈妈和姐姐“联手”挑他毛病就离家出走的事。在这种情况下，妈妈是罪魁祸首，但是姐姐也起了火上浇油的作用，因为她会跟沙恩说：“你太不成熟了！”

沙恩在城里一个朋友家里待了一周左右的时间，最后回家了。后来，他的家人带他来找我做咨询。我了解到沙恩很反感母亲的控制欲，对母亲像控制他那温和被动的父亲那样控制他感到十分厌恶。幸好这位明事理的母亲想为儿子做出改变。在做了几次咨询之后，我就鼓励父亲主持家政，后来这个问题就解决了。沙恩此后再没有出走过，有时他还去附近的教堂里帮着教育小孩子。

当然，沙恩的故事只是一个极端的例子。更典型的情况是姐姐和弟弟以更平和的方式朝各自的方向发展。如果父母给予他们相同的待遇和机会，那姐弟俩都会具有老大的特点。

我大姐莎莉和哥哥杰克就是这类情况。前面我已经讲过，姐姐的成绩很优秀，经常得 A+。杰克虽然不像姐姐那样优秀，但是在高中的时候也一直平均是 B+，大学的时候也以优秀生身份毕业，后来攻读了博士学位。高中时候他还是名优秀的四分卫，还在大学的校队踢过球。杰克朋友总是一大堆，尤其是受女孩子的喜欢。

杰克从来没有跟莎莉竞争过什么，而且莎莉也很尊重他，对他在球场上的表现叫好。小时候，莎莉试图给予小自己 3 岁的弟弟“母亲”般的照顾，可杰克却从不买账。但是 5 年后熊宝宝凯文出生了，她的母爱就可以尽情发挥了。

不要给孩子贴标签

两个孩子的家庭无论是怎样的组合，都可以验证一条基本的养育准则：**接受他们的不同。**

12 缓解两个孩子间的竞争

不论家里有几个孩子，你都要接受他们的不同，但是在两个孩子的家庭中，这种不同明显更是一种挑战。例如，一个孩子比另一个孩子高 15 厘米，这个我们可以接受。但是如果其中一个孩子老想反抗规矩或是态度和情感跟别人完全不一样呢？一个孩子很好管教，很多父母都称为“好孩子”；而另一个孩子让人忙里忙外，就会被贴上“坏孩子”的标签。

这种家庭对父母的挑战就是，要记住两个孩子都需要爱，但是要区别对待。父母在家里要维持某种秩序和一致性，同时要注意孩子的个体差异。

19 岁的奥利维娅是家里的老二，在咨询过程中就跟我说：“希望你告诉我妈妈，我跟姐姐不一样。”我明白她的意思，但是我还是让她具体解释一下，把她的郁闷都吐露出来。她妈妈总是告诉她必须跟家里的标准，即她的大姐姐丽贝卡齐平。由于奥利维娅没有做到，所以她老是有一种不受待见的感觉。询问她的父母我才发现，即使现在奥利维娅都成年了，但还是需要父母去告诉她哪些地方令父母欣赏，她生活中有什么闪光点。

奥利维娅已经高中毕业，但是毕业后的一年中她一直干着收入低微的兼职工作，而大她 2 岁的姐姐就要上大三了，父母对姐姐就很满意。父母原本想让奥利维娅跟姐姐进同一所学校，但是我建议他们让奥利维娅进另一所学校，这样她就可以有自己的生活，不必生活在姐姐的阴影下了。父母必须要做的就是：**给儿女的爱是无条件的，不是由孩子的分数、在家里的表现或是其他表现来决定。**

这对父母形成的挑战就是要爱孩子本身。如果你能把这件事做好了，那么两个孩子的家庭会温馨和谐。

● 养育两个孩子的 5 个建议

如果你想了解所有涉及排行的育儿技巧，那你就应该回顾一下现实原则。而针对两个孩子的家庭，就要把重点放在一致性和公正性上。

1. 放宽老大的睡觉时间。即使老大只比老二晚睡半个小时，也要坚决把这种不同显示出来。老大可都瞧在眼里。
2. 对孩子的责任和零花钱也要区别对待。规则是这样的：老大可以得到更多的零花钱，但承担的责任也更多，请记住我之前说过的话，不要把责任全堆到老大身上，确保老二也有自己的份额。
3. 避免比较。心理学家提出这样的建议很简单，但是要在日常生活中做到却很难。一定要注意那句父母们常挂在嘴边的“名言”：“你怎么就不能跟你哥哥（姐姐）一样呢？”当然了，一个孩子怎么会跟哥哥或是姐姐一样呢，你这样说话不仅很伤人，而且简直是废话，愚不可及。
4. 不要觉得你为一个孩子做了某件事，就一定要为另一个做同样的事。换句话说，对孩子区别对待也就意味着，有时候其中一个在某方面可能会比另一个得到的多。但是总体来说最后还是会扯平。
5. 跟每个孩子单独相处。也就是说，多给孩子和你一对一相处的时间。在百忙之中怎么抽时间呢？时间不是抽的，是挤的。可以跟一个孩子一起去购物，甚至是旅行。送孩子上学的时候，有可能的话可以早走半小时，两个人一块儿安静地吃个早饭。你想单独跟孩子在一块儿方法有很多。只要记住以下的基本规则：如果你跟这个孩子单独做某件事，就一定要跟另一个孩子单独做件事，要根据每个孩子的不同需求适当做些调整。

13

留给中间孩子足够的空间

一般说来适用于老二的那些原则都适用于中间孩子。跟老二一样，中间孩子有自己的墨菲定律：我会参考家里姐姐或是哥哥的情况来决定自己该怎样生活；我会审时度势，然后选用最好的方法。老二会看老大，如果是四个孩子呢，老三就会看老二，以此来决定自己该走哪条路。例如，让我们看看四个孩子的家庭：

K 家庭

女孩 —— 16 岁，最大的女孩

男孩 —— 14 岁，最大的男孩

女孩 —— 12 岁，中间孩子

女孩 —— 10 岁，老小

在K家庭中真正的中间孩子是12岁的那个女孩，上面有哥哥（实际上还有姐姐）的挤压，下面有小妹妹的挤压。她生活方式的选择大部分是受哥哥的影响，但是身为老大的姐姐对她也会有一定的影响。

我们再看看下面这个例子，这样的排行就没有真正的中间孩子：

L家庭

男孩 —— 18岁，最大的男孩

女孩 —— 17岁，最大的女孩

女孩 —— 15岁，中间孩子

男孩 —— 8岁，老小

在L家庭中，第三个孩子看起来算是中间孩子，真是这样吗？她会参照自己的哥哥姐姐来决定自己的人生目标和主调，但是她的下面呢？直到她7岁了，家里才多出一个弟弟，但是那时候她的性格和生活方式早就形成了。在她前7年生活方式形成的时期，她一直是家里的老小，所以她很可能具备老小的很多特点，而不是中间孩子的特点，因为她小时候根本没有那种受排挤的感受。

中间孩子会感到受排挤

虽然在上面L家庭中没有真正意义上的中间孩子，但是许多其他家庭还是有的。如果可以用一句话来概括中间孩子，那就是他们会有受排挤并且（或者）受支配的感觉。这一点父母需要格外注意，中间孩子上面不仅有父母可以对他们施加权威，比他大的孩子也可以这么做。

如果这个大一点的孩子跟中间孩子相差不大（两三年之内），那他肯定会指使中间孩子去做事。中间孩子之下是家里的老小，而老小犯了错一般都能逃脱责罚。中间孩子要像哥哥或姐姐那样获得特权，他还太小，但是要像老小那样免受惩罚，他又太大了。

这来自上下两层的压力，就让他感觉自己如车的第五个轮子一样，格格不入，没有发言权，也没有控制力。好像其他人都在做决定，只有他让别人指挥着，遵守规矩。

克丽丝那时候虽然只有 8 岁，但她却让我和桑德感受到了中间孩子在别人为他做决定的时候会变得多么敏感。一天，克丽丝噘起了小嘴，眼泪也流了下来，正跟妈妈对峙，因为几天前桑德给她报了创新表演班。这时我碰巧经过，就问："克丽丝，难道你不喜欢表演吗？"

"我很喜欢！"（哭泣）

我笑着说："那你为什么这么对妈妈啊？"

"你可能认为这很有趣，但我可不这么认为。那如果我给妈妈报了学游泳的班怎么样？"

克丽丝的话一语中的，让我无话可说了。我们后院有个游泳池，可是桑德也就一年下去两次，但也不是游泳，就是到里面泡泡而已。如果克丽丝或是我给桑德报了学游泳的班，她肯定也懒得学。我知道克丽丝的意思了，甚至明白了更多。她希望能够自己做决定。她并不需要妈妈帮她做决定！

在讨论会上，每当我说起这件事，我就会赶紧再补充一句，不只是要询问中间孩子的意见，对所有孩子来说，对他们的事，你都要事先征求一下他们。对任何排行的孩子，你都要给予他们自己做决定的机会，这是培养他们自尊心和责任感的重要一环。但是如果中间孩子极其敏感，那么父母们就应该严格遵守这句格言了：**他们的事都要征求他们的意见，还要尽可能地让他们自己做决定。**

让中间孩子感到自己很特别

到目前为止，这一章好像是让我们同情中间孩子的。他们感觉在家里像是车的第五个轮子，于是就出去寻找自己的朋友了。这些孩子就是矛盾的混合体，父母会忽视他们的意见，随便为他们做决定，对这样的孩子家长又该怎么做呢？

我让克丽丝感到自己特别的方法就是在她生日的早上我都会单独带她出去吃早饭。在她成长的岁月里，5 月 16 日我一定会把所有的预约都推掉。原因很简单：那天是克丽丝的生日。如果那天她要上学，我就会带她吃完早饭，然后中午的时候，再接她去她喜欢的餐厅吃午饭，比如去麦当劳。

当然还有两天我要做同样的事，那就是每年 11 月 14 日和 2 月 8 日。毕竟，霍莉和凯文也愿意自己选择想吃饭的地方。现在，劳伦和汉娜也加入了莱曼家族，可以肯定的是另外两个日子也很重要，就是6月30日和8月22日。我要说的是，这几个孩子中，克丽丝（至今还是）对在生日这天完全拥有爸爸这件事还是最在意的。在克丽丝9岁的时候，有一天我在跟克丽丝一块儿吃早饭时，当地的牧师经过那里，认出了我。

他说："在这儿遇见你真好。今天我本来要给你写信，邀请你明年5月16日来我们教堂主持讨论会的。"他一说5月16日，我就知道要出问题了。之前我一直在等待时机告诉他那天是我女儿的生日，我去不了。但是牧师一直在热情地描绘当地的优美景色，大家如何希望我去分享他们的感受，让我很难打断他的话。但是克丽丝却没看出打断他有多难，这位牧师朋友说话的时候，她就变得越来越激动。最后，她说："我爸爸不能去！"

女儿的这种做法显然不礼貌，于是我就说："克丽丝，等会儿，爸爸在跟人谈话……"

牧师还在讲那天的宏伟计划，克丽丝再也忍不住了，大声说："他那天不能去！"

虽然克丽丝这么跟牧师说显得太直接了（甚至有点粗鲁），但我也不能批评她。其实问题出在我身上，是我不想打断牧师对一年之后的讨论会的憧憬（毫无疑问这位牧师在家里是个老大）。最后，我只好解释说，5月16日是克丽丝的生日，这也是为什么我们会在这里吃早饭。5月16日我肯定没法去参加。

那位牧师就说也不一定是那天，他回去再查查。后来，他打电话告诉我，不是那天，而是5月18日，所以我可以按计划进行，保全了我对克丽丝许下的诺言。

在我们家，5 月 16 日一直禁止对外开放，以后也是。现在我的两个女儿都二十四五了，儿子凯文也 21 岁了，但我还是很重视他们的生日。

给中间孩子分享感受的机会

在克丽丝生日那天发生的事中，克丽丝表现出了中间孩子典型的矛盾之一。即便还有一年的时间，她还是说出了跟爸爸生日的约定。许多中间孩子可能会很害羞，很随和，不愿意跟别人正面交锋，也不会当场说出来。这些中间孩子不会告诉你他们是怎么想的。他们是典型的避免冲突者。

但是克丽丝太敏感了，对许多中间孩子来说敏感可能会演变为愤怒。那时克丽丝太沮丧了，最终还是说了出来，即使她的这种做法让人看来好像是个不听话的小孩，但我还是很高兴她说出来。

我做咨询这么多年，发现易怒的人一般是老大或是中间孩子。可能对一些人来说，要让他们承认自己的愤怒需要时间，因为他们本身是取悦者，很可能会否认自己会生气。但是克丽丝就不一样了，她什么时候不高兴我们都能看出来，所以对待中间孩子你要善于挖掘。

给中间孩子更多的机会分享他（她）的感受。如果家里有两个中间孩子，在老大和老小之间有老二和老三，那你就要多注意点老三了，他（她）很容易迷失自我。不要只是偶尔问问："最近怎么样?"要专门抽时间陪孩子出去散步，或是跟他（她）一块儿出去干点事，然后在车上跟他（她）好好谈谈。

相信中间孩子的友谊

中间孩子很容易变得很会社交，对人很友好。由于在家里感到被否定，被挤压，被误解，这些中间孩子会比别的孩子更快地在家庭之外寻找朋友。通过结交新朋友，中间孩子学会了培养关系，维持关系。在跟朋友们交往的时候，他们的社交技巧更锋利，更灵活。所以当真正要离开家的时候，他们会比其他的孩子更有准备，面对婚姻、谋生和社交他们会处理得更好。

所以，家里中间孩子总是往外跑的时候不要感到绝望。实际上，让孩子知道你理解朋友的重要性是很明智的。我也知道同龄人在一块儿有时可能会出一些问题，但也不要把孩子的朋友都看得很坏，都会让自己的孩子误入歧途。你可以把孩子的朋友们邀请到家里过夜，甚至是过整个周末，这也是让中间孩子感到你很在乎他和他的朋友们的一种方式。

中间孩子身上还有一个矛盾，就是他的朋友观。尽管他在家里感到自己有点像第五个车轮，但是家再怎么不好也比外面的世界更安全、更宽容。虽然中间孩子很会交朋友，但是也有关系搞砸的时候。如果出现这种情况，他应该感受到父母的支持和拥抱还是很温暖的。

中间孩子不会被宠坏

当然不是所有的中间孩子都是社交达人，会有很多因素影响他们交朋友。但是即便待在家里，他们还是有机会为以后的生活得到锻炼。这种锻炼是以协商妥协的方式出现的。

中间孩子不可能凡事都按照自己的想法来。老大总是得到的更多，他们可以晚归、晚睡等。而老小做错事总是可以逃脱罪责，还能得到更多的关注。这一切看上去很不公平，但却是很好的锻炼。中间孩子最不可能被溺爱，所以他们也就不会轻易被生活挫败或是对生活索求太多。看上去做个中间孩子很失落，但这也可以说是变相的福祉。

在多个场合下我跟父母们交流，他们总是说对最大的十几岁的儿子或是女儿很自豪，因为他们不会让父母操心。他们愿意帮父母，遵守规矩等。我总是微笑着面对这些父母，也希望他们做父母能一直这么成功，但我还是忍不住想："这些听话的老大会不会遇上大麻烦呢，他们是不是将自己的真实感情装在瓶子里封藏起来呢？难道他们是典型的取悦者，永远不会反对父母？几年后如果他们要另立门户又会是怎么样呢？他们会有充分的心理准备来应付生活吗？"

我不是说绝对服从，取悦人的孩子在独立生活后会变得很弱。我的意思是，我给很多老大和独生子女做过咨询，他们小时候都是父母的乖宝宝，但是成人之后他们在生活中跟爱人或邻居打交道时都会出现困难。这样的咨询我做得越多，就越觉得在成长过程中受点挤压也未必是坏事。这可能是你以后开始真正生活后很好的基本训练。

所以，那些觉得像是困在被挤压的笼中的中间孩子，不要就此绝望。父母要尽力给他们解除牢笼或是帮助他们挣脱出来。一定要让中间孩子的希望之火一直燃烧，可能到最后他的火把会是最亮的。

● 养育中间孩子的 6 个建议

The Birth Order Book

先回顾现实原则，然后结合下面专门为中间孩子设计的建议使用。

1. 父母们要认识到很多中间孩子会避免跟别人分享自己的感受。如果你的孩子是这种类型，那你就应该专门拿出时间跟他们单独谈谈。这对每个孩子都很重要，但是对中间孩子来说，如果你不首先提出，他们是不会坚持的。一定要保证抽出这样的时间。
2. 要格外留意是否让中间孩子感到受了特殊待遇。通常情况下，中间孩子会感到自己受到兄弟姐妹的排挤。所以说中间孩子最需要你询问他们的意见或是允许他们自己做决定。
3. 在保证中间孩子感到受重视的同时，也要给他们某些特权。比如允许他们看某个电视节目或是让他们决定去哪个餐馆吃饭。关键是，这必须是中间孩子的特权。
4. 你上次花心思给孩子买新衣服是什么时候的事？对于那些富裕的家庭，买新衣服当然不成问题，但是在不富裕的家庭里小孩子穿哥哥姐姐的旧衣服是常有的事。中间孩子偶尔穿旧衣服还可以，但是他们还是希望有新衣服，特别是大件衣服，例如外套或是夹克。
5. 中间孩子在解释事情，或是表达他们对某事的看法的时候，父母一定要认真听。他们那种极力想避免冲突，不想挑起是非的态度可能会让他们看到事情的本质。你可以说："嗯，让我们听听你是怎么看这件事的。我很想知道你真实的想法。"
6. 最重要的是保证家中相册里有中间孩子一定数量的照片。不要让他们在翻看了无数张照片后，发现都是兄弟姐妹的照片，自己就那么几张！此外，一定要有他们的单人照，不要总是让中间孩子跟大哥哥或是小妹妹一起照。

14

提防老幺的“小把戏”

对于老小，我给父母的第一个建议是：小心别被他（她）利用！当老小降生的时候，其实真正的敌人并不是这只家里最后到来的可爱小鹰。他（她）是那么讨人喜欢，牙还没长齐，仅一个微笑就能迷倒众人，这就是老幺天生的魅力。其实在与老幺交锋后，父母们会发现真正的敌人是他们自己。

还记得我们讨论的三种不同的养育方式吗?

专制型的父母会说：“按我的方法做!”

权威型的父母会说：“我希望你这么干，因为……”

但是放任型的父母会对这个小可爱说：“啊，你想怎样就怎样，宝贝。”

逍遥法外的老小

为什么父母对家中的大孩子总是不留情面，但是老小却好像是有种神秘的力量让他们可以“逍遥法外”？这似乎没有一个明确的答案。也许父母倦了，或者他们因为养育孩子轻车熟路，变得粗心大意了。不管是什么原因，反正父母发现老小没干活或是让哥哥姐姐们抓狂的时候，往往会睁一只眼闭一只眼，我把老小的这种特异功能叫作“花招”。（花招在这里包括惹恼哥哥姐姐，接着就哭着喊着跑向爸爸妈妈寻求保护。）

我在这方面可算是个专家了，小时候我经常去烦哥哥杰克，我喜欢把他称为“上帝”，因为他又高又壮，比我这个家里的小熊宝宝强多了。每当我看见他从学校回家，就喊：“上帝回家了！”我小心地只让他听见，不让妈妈听见。

杰克一点也不愿意让人叫作“上帝”，所以他就会打我。那我就会跑到妈妈那里，她总是向着我，杰克最后总是惹上麻烦。假如他打得我太厉害了，可能等爸爸回家还有一场风暴等着他。

一次，达拉斯神学院的校长查尔斯·斯温多尔（Charles Swindoll）来做客《父母驿站》，他讲了在家里的冒险故事。他也有哥哥姐姐，也是经常有种高高在上但有时又有种被压迫的感觉。“以前我经常叫哥哥‘希特勒’。”他爆料说。

“真的吗？”我忍不住问，“也许他跟我哥哥‘上帝’认识。”

查尔斯愣了有那么一两秒钟，接着我们就会心地大笑起来了。两个家里的老小找到了共同点——对哥哥的回忆。可他们有时会让我们很不好过。

把哥哥叫作“上帝”来激怒他这只是小手段而已，我还有很多其他的手段呢。如果对老小错而不罚，那他们就会控制人、扮丑，或是去“娱乐大众”，并且经常这样搅扰某些人的安静。

现在我才发现并不是所有的父母都会为老小的魅力和滑稽所折服，也并不是所有的老小都能够享受错而不罚的待遇。然而，许多老小还是会用那句老话控制父母：“妈妈，这个我不会!”这句哀求变成了老小向父母（哥哥姐姐）求救的撒手锏，好让大人帮他们扫平生活道路中的障碍。

老小会很熟练地请求别人替他做作业。我给好几个这样的孩子做过咨询，每晚他们都装作一副无助的样子，都快把家里变成一个辅导班了，大家吃完饭就要帮他们做作业。督促辅导孩子做作业是一回事，替孩子做是另一回事。很多家长陷得太深，还一直以为是在帮孩子。这当然是害了孩子，因为这让他不会独立思考了。

比如，我接触过一个七年级的孩子，他哥哥在高中毕业班。在他上七年级的那个春天，由于他在学校表现太差，他的父母就带他来找我做咨询。这个男孩是家里的老二，也是老小。

起初没有取得多大进展。孩子在学校里总是惹是生非，因此父母也就不得不参加无数的会议。最终这个孩子还是通过了七年级的考核，但也将将及格。那个夏天我一直在给他做咨询，到秋天的时候，他哥哥就去上大学了。这正是我们需要的突破口。在男孩上八年级的时候，他开始回应我给他设立的一些现实原则，父母也发现咨询的成效。

我让父母对他使用的现实原则都是很基本的：

- 要让孩子学会自立，如果不是绝对必要就不要帮他做作业。
- 晚饭后如果该做的事情没有做完，那么任何娱乐活动都取消，不能出去玩，不能看电视。该做的事包括做家务，当然还有做功课。
- 不要让爸爸妈妈每晚辅导好几个小时。（也就是我们上面说的要让孩子自立。）

这个老小在八年级末的时候彻底转变了。在学校的不规矩行为没有了。没有了爸爸妈妈的过多辅导成绩也提高了很多。男孩在哥哥的阴影下生活得太久了，变得很怯懦。一旦哥哥不在家了，他也就开始发光发热了。爸爸妈妈也舒了口气，现在他们就不用再为了让儿子及格每天晚上辅导他三四个小时了。

老小的“小把戏”

我也给这样的孩子做过咨询，他们根本就不在乎上学。我知道这是为什么，因为我小时候也有过这种感觉。有时候是因为学习上有困难或是能力不够，但是多数情况是态度问题。

如果父母采取一些措施的话，我相信我那糟透了的成绩就会有很大的提高。妈妈不应该去学校找辅导员谈话。而且不应该试图找出我出问题的原因。她可以说：“嘿，孩子，成绩不好就不能去参加少年棒球队了。”这样在我六年级或是七年级的时候可能就浪子回头了。

但是爸爸妈妈从来没有这样试探过我，也从来没限制过我什么。总之，他们就是很放任我，我也就抓住了这一点。例如，我会得一种怪病，叫作周一、周五肚子疼。周五早上醒来的时候我会感觉很难受，那我也就不用去上学了。但是奇怪的是，一到下午奇迹就发生了。只要一过了 3 点钟，我的病马上就会好。整个周末我都是好好的，但是到了周一早上，肚子疼就又来了。

是谁把老小娇惯成这样呢？答案当然是父母。但这只是部分正确，因为有时候家里的其他孩子也会帮着父母宠老小。老小被娇惯的程度取决于他（她）何时何地出现在家庭星群中。例如，让我们看一个由三个姐姐和一个小男孩组合的家庭：

M 家庭

女孩 —— 11 岁

女孩 —— 9 岁

女孩 —— 6 岁

男孩 —— 3 岁

在 M 家庭这种情况中，母亲和儿子通常关系紧密。生了三个女儿之后，小哈罗德当然就成了家人的宝贝，尤其是对妈妈来说。即便姐姐们跑来抱怨，妈妈也会向着他。

其实在这个家庭中，实际的老小有两个，3 岁的男孩和 6 岁的女孩。那么这两个孩子之间的摩擦就不可避免了，家庭中肯定会形成某种“联盟”。一般情况是 11 岁的女孩会跟 6 岁的女孩结盟，而 9 岁的女孩就跟 3 岁的男孩结盟。

而且老三经常处于劣势的位置。两个大一点的女孩如果想施展母爱的话，那么无论出现什么样的争执她们都会站在弟弟这边。相反，如果姐妹三人都觉得弟弟是个讨厌鬼，母亲再让她们经常照看弟弟的话，她们就会变得相当反感。

我们再看一个老小地位特殊的例子。在N家庭中，老大是个女孩，下面是两个弟弟，最后是个“宝贝公主”。家庭图示是这样的：

N家庭

女孩 —— 13岁

男孩 —— 12岁

男孩 —— 10岁

女孩 —— 4岁

从好的一面来看，4岁的小女孩会很幸福，因为有两个哥哥会保护她，但是如果她真的是个讨厌鬼，那就不一样了。在两个哥哥的细心照料下，她就会认为男性都是很会关心人，很和善的。从姐姐这里她也会得到更多的照料关怀，因为老大总是喜欢干这些事，尤其是女孩。

坏的一面是，“宝贝公主”可能会认为整个世界都是绕着她转的。她会成为爸爸的掌上明珠，而且会缠着爸爸，直到得到她想要的东西。如果任其发展下去的话，这个女孩长大后就会认为她对所有男人都可以耍这种手段。如此一来，她的婚姻很可能会不幸福。

如果父母对孩子过于放任，这个宝贝就被宠坏了。她长大成人后会变得很令人讨厌，对谁都提一些不合理的要求。

父母对孩子过于纵容，最严重的后果之一就是导致一切在孩子看来都太简单了，等到长大成人要进入社会时，却发现还没有准备好。那时候各种困境会让他措手不及。

我曾经给一个家庭做过咨询，一个母亲（寡妇）和 5 个孩子。最大的是两个姐姐，接着是两个哥哥，最后是一个小女孩，她比最小的哥哥还小 7 岁。最小的女儿 13 岁的时候，父亲就去世了。我给他们做咨询的时候，最小的女儿都 26 岁了，可无论做什么事还得靠妈妈。这过去的 13 年里，实际上，只有母亲跟小女儿住在一起，因为在父亲去世的时候，其他孩子都已经搬出去了。

女儿被母亲全方位保护起来，不让她受一点伤害，我见到这个女孩的时候，女孩很无知，而且信心全无。她能做的最具挑战性的工作就是打扫屋子和照看孩子。

这实际上是家长需要孩子陪在身边，且不让孩子长大的一个极端的例子。还有些例子是，父母仅是对孩子有些放任，把他们的生活道路上的障碍清扫得过于干净。你对孩子太娇生惯养了，实际上会让他们变得很无用，至少也会让他们在某些方面有缺陷。

老小的角色转换

这本书里我一直强调，排行一样不代表特征会完全匹配。所以说这些特点不一定会适用于所有的老小。肯定会有某种老小“变体”，当然也会有其他排行的变体。事实上我跟桑德已经见证了在我们“第二家庭”里年龄差距造成的变体了——汉娜比儿子小凯文小 9 岁半，劳伦比汉娜小 5 岁半。

大家都说汉娜是“第二家庭的老大”，她看起来是个顺从的老大，但是行为上跟老小没什么差别。我们要明白在汉娜的前 5 年中她的生活方式已经形成了，她一直是莱曼家里的老小。她甚至会有 5 个“父母”来疼她——我，桑德，还有她那三个哥哥姐姐，在汉娜看来，哥哥姐姐们都是很高大，有能力，又很慈爱的形象。

我们对她宠爱有加，我们是下了很大决心才决定对她采用现实原则，来平衡一下她的生活，不让她被宠坏了。如果我们去亚利桑那大学观看篮球赛或是出席其他公共场合，有时候会带汉娜一起去，那时候我们的朋友都会去抱她。现在汉娜 11 岁了，很安分，很乖巧，也很会自己找乐子。大家都很喜欢她，她也喜欢上学，还很喜欢老师们。

至于劳伦，她绝对是莱曼家的最后一节车厢了。不过，虽然她是真正的老小，但是她表现得更像是老大或是独生女。劳伦做事非常周到，善于分析，还很谨慎，这可是独生子女和老大的典型特征。我不知道她为什么会如此谨慎，或许是因为家里成年人对她有太多影响吧。汉娜相当于有 5 个父母，那劳伦就有 6 个了。她出生的时候，汉娜的生活方式已经完全形成，就连 5 岁的汉娜，对劳伦来说也是有能力、强壮、无所不知的。

劳伦 2 岁的时候就把自己的小录音带排成一排，一次玩一盒，这让我这个身为老小的爸爸大为吃惊。有一天我发现劳伦在地板上玩 7 岁的汉娜的电子玩具，一种帮助孩子学着拼写单词，做数学题和练习阅读的玩具。那时候劳伦才 2 岁半，她试着把开关打开了，玩具里传来“你好！请选择类别”的声音。

我很好奇，劳伦接下来会怎么做。最后，劳伦俯下身子，把手作成喇叭状，对着玩具说："女士，我不会！我才2岁！"

那一刻我突然意识到，女儿只有2岁，可她实际上相当于我们的独生女，又或者是个实际上的老大。

老小经常"被管教"

插进这段莱曼第二家庭的故事是想说明，老小的特点也可能会千变万化。可能你是老小，但是却没有被宠坏，又或者你家最小的孩子不是我们意义上的操纵者，甚至这个老小还是大家操纵的对象。最小的孩子一般会受到别人的疼爱保护，但是有时候也会受到更多的约束和惩罚，尤其是哥哥姐姐们会这样对待他们。

排行专家们说最小的孩子在"信息处理"方面总是有欠缺。[1] 也就是说，他们理解东西很困难。大点的孩子看起来总是很聪明，很有权威，知道的事情也多。尽管大孩子在教育老小的时候说得不对，但在老小看来哥哥姐姐们说得很对，因为老小认为他们比自己大很多，又强壮，而且更"聪明"。

我是家里的老小，现在还记得莎莉或是杰克纠正我错误的时候，我感觉自己好笨啊。我哥哥杰克，比我大5岁，他往往会很直接地纠正我的错误，甚至还会打我。

当然了，一般都是我自找的。之前说过了，我经常会耍无赖去烦哥哥，直到他爆发，要打我。接着爸爸妈妈就会找他算账了。但是有时候他也会加倍奉还给我。早晚有一天他会抓住我独自在家，那时我就不能陷害他，还让爸妈认为全是他的错了。当然了，他打我也不会太狠。就感觉他是为了教我一些基本规矩才打我的。

有时家长真需要一个有预知魔力的水晶球，或是一款超级计算机软件，这样他们就知道老小什么时候是真遇到困难，什么时候是在要操纵人的花招了。我在给出问题的老小的家长做咨询的时候，就常告诉他们，如果不知道对错，那就索性让孩子自己去处理问题，即便有时候真的是被哥哥姐姐嘲笑或是胁迫那也无妨。

有关老小还有一点值得强调。因为他们是家里最后一个孩子，所以他们做的事永远成不了第一次。哥哥姐姐早就学会了说话、读书、系鞋带和骑自行车。所以，我们就要面对这个事实。当老小把在学校工艺课上做的歪歪扭扭的笔筒拿回家，父母们很难做到见到东西后兴奋不已。

家庭问题专家伊迪丝·奈瑟尔（Edith Neisser）抓住了老小的无奈，因为无论他们怎么做都不会在家里引起轰动。她引用了一个有哥哥姐姐的 8 年级的孩子的话：

> 不管我做了什么，那都不重要。我高中毕业的时候，他们早已大学毕业甚至结婚了；如果我能够从大学毕业的话，姐姐可能有孩子了。即便是我死了，对我的家人来说也没什么，那时候家里可能都没人在世了。[2]

如果你家里有个初中生，可能会听到过这些夸张的话，但是这个女孩说的话实质还是对的。关键的一句是：“那时候家里可能都没人在世了。”这是值得每位家长关注的：我对小哈罗德的“第一次”给予足够的关注了吗？对，这是我见过的孩子做的第三个或是第四个笔筒了，但这可是他的第一次啊！我应该给他同样的关注。

● 养育老小的 7 个建议

The Birth Order Book

对老小使用现实原则是很重要的，因为父母们会对老小有天然的放任。一定要回顾一下现实原则，尤其是涉及责任的那部分。此外的建议如下。

1. 确保老小要分担家里的活。但是老小经常做得很少，原因有二：①他们很善于回避自己该干的活；②他们这么小而且又是这么“无助”，家里的其他人都觉得还是不让他们干了。
2. 涉及原则和规矩的时候，一定不要让老小逃脱罪责。有数据表明，老小是最不受管束的，而且他们最不愿像哥哥姐姐们那样遵守规矩。所以你有必要记下自己是怎样让其他孩子承担责任的，请给老小定下同样的规矩。
3. 在你不娇惯老小的同时，也不要让他们受欺负。对老小的成就你要有足够的重视，要保证老小有属于自己的“高光时刻”。
4. 让老小早点学着读书。6 个月大的时候就可以让他们读那些色彩鲜艳的图画书了。如果是他们开始自己学着阅读，你就没必要再帮他读了。
5. 如有必要，可以吓唬吓唬老小。我一直在想如果父母在我上学的时候能够对我严厉一点儿就好了，但是他们从来都不给我压力。
6. 要保证抽出时间陪伴孩子。当家里有了三四个孩子的时候，父母的生活压力也大了。做做自我检查，你是不是给老小的时间比以前给他们的哥哥姐姐的时间少了。
7. 对了，别忘了给老小找个老大成家，他们幸福的概率会很高哦！

The Birth Order Book

Part 4

如何运用排行规律剖析工作与婚姻

15

排行规律在工作中的运用

对出生排行稍做了解，就会对你的事业大有帮助，尤其是在销售领域。[1]

了解排行就可以提高销售业绩吗？这个问题哈维·麦凯（Harvey Mackay）可以来回答，他可是美国顶级的 CEO 和多部商业畅销书的作者："你仔细考虑一下，就会发现最好的销售人员是那些对人性了解最透彻的人。"[2]

这要在我的职业生涯早期，我大概也不会明白它的智慧之处。以前我也没有意识到，我，一个"杰出的心理学家"，也是一个推销员。幸运的是我的父亲看到了这一点。

我父亲只受过 8 年的教育，但他负担起了一个家庭，还开了自己的小干洗店。可是直到我 30 岁——这够老的了吧——才明白他对销售的透彻理解。

在我工作的前几年，父亲会问："凯文，你有顾客吗？"

这时我会很不满地说："爸爸，他们不是顾客，他们是我的客户！"

"难道他们不付给你钱？"他很疑惑。

"当然要付了。"

"那他们就是顾客。"

他说得非常对。这是我父亲对人性的简单感知而已。这次简短的交谈，让我认识到我的客户确实是我的顾客。作为一个咨询师，我基本的工作就是出售自己的才能，帮助客户化解问题，解除忧虑。但是工作时间长了之后，我就发现只有在我真正了解他们的时候才能去帮助他们，尤其是了解他们如何看待生活。

我很快发现，客户（顾客）的到来并不代表销售的结束，相反这才刚刚开始。摆在眼前的实际工作是要卖掉我的意见和建议，从而真正地改变客户的生活。

所以，作为一个心理咨询师，我一直做的是销售工作。这也就是为什么我可以很有信心地说："**了解顾客，懂得销售，产品则不愁出售。**"

我认为对出生排行的了解是熟悉顾客最有效的方法之一。大家可不要认为了解了排行就能保证自己的销售顺利，这当然不对。在给客户做咨询的时候，我并不是直接让他们改变紊乱有害的生活方式，而是尽可能多地了解了他们，这种方法我叫作"做他们的眼睛，看他们所看的世界"。

与客户第一次见面时，我可以像问其他专业问题一样问问他的排行，这样一来，对他的个性了解会全面一些。但是一般人会对这个问题比较敏感。说实话，直接问客户这个问题是不明智的。例如，你千万不要这样问：“你很会打扮，又穿着讲究，你是家里的老大，还是家里最大的男孩（女孩）?”

要是你问了这种问题，你就跟大学一年级学生写的心理学学期论文或个案研究一样幼稚可笑。

你可以用一种更好的办法把对方引入话题，比如问：“你在哪儿长大的？家在哪里?”当客户回答此类问题的时候，他就免不了要说说他的家人了。这时你就可以问问他家里人是干什么的了——他们是农民吗？是做生意的吗？有兄弟姐妹吗？家里人多还是少啊？

这时对方很可能回答：“我还有几个姐妹和一个小弟。”

对此你可以加一句：“我猜你的弟弟肯定是家里的捣蛋鬼。”

他很可能就会说：“是啊，他确实很顽皮。”

接着问：“那么家里的活基本都是你干吗？谁是家里的老大?”

这种方法就显得轻松随意，先跟对方建立好的关系，谈话中把自己了解的信息一整合，他的出生排行就清晰了。

另一种方法就是聊一下自己的家人：“周末的时候我哥哥来了。他一家人来这里度假。你有没有兄弟姐妹假期的时候来投奔你啊?”

你在努力试探对方的排行的时候，还会发现很多其他的信息，比如业余爱好，喜欢的运动，最喜欢的球队，甚至他钟爱的餐馆等。这样一来，你了解的内容将充满无限可能。

你对自己的客户（或是潜在客户）的个人信息了解得越多越好，这对你了解他的“个人逻辑”会有很大帮助。**我们每个人都有自己独特的个人逻辑，就是我们看待生命、别人和自己的总体观点。这也是我们生活方式的一部分。**

每个人对生活的看法不同，所以对顾客的个人逻辑要有一定的了解。当你试着去了解他的观点，你就真正地“用他的眼睛看世界了”。这样你才会了解这个人真实的偏见、喜好和欲望。

当客户来访时，一定要在心里记下他们排行的特点，之后再用笔记下。这些信息实际就是一种文字金矿，提醒你今后如何跟他们打交道。

下面这些秘诀我用了好多年，我用它们跟家中的老大、中间孩子和老小进行交流。当我把自己当作一个演说家出售，或是给客户做如何改变自己的咨询时，我都会不自觉地使用这些技巧。

如何向老大做推销

向老大（如果是独生子的话那就可以称为“非常老大”）出售产品就像行走在雷区。你需要谨慎行事，并且尽快结束。

请记住，跟老大交谈时，你是在跟“谨慎先生”或“细节先生”交谈。那些多彩的小册子或是大胆的建议估计不会那么轻易打动他。他们想知道的是：你的产品或服务能为我做什么？需要多少钱？因此，跟他们交往一定要保持谨慎态度。

做好计划，保持警觉

假设你要与亨纳先生会面，并且你早到了几分钟（记住一分钟也不要迟到）。时间到了，你就被带进了他的办公室。要想引起他这个老大的注意，你必须有所准备。记清楚亨纳先生是个非常直接、不说废话、能够抓住关键的人。如果你不直接切入正题，可能很快就被送出来了。

所以你必须事先做好计划，有条不紊地按计划行事。万不可离题，不要有所欺骗，你的话最好 5 分钟之内结束，3 分钟更好。

老大痛恨“为什么”

当你给老大们做演示的时候，他可能会问你：“为什么”“然后呢”“什么时候”“哪里”“多少钱”，对这些问题你当然都要有所准备，但是不管怎样，千万不要问他们为什么。你可能会想：“为什么？”因为一个为什么就带有对抗性，让对方转为防守，至少有那么一点，某些时候会更明显一些。

对这些家中的老大来说，“为什么”是对他的掌控力的一种挑战。**他们可不喜欢受到突袭，或是被问及那些把自己推到防守位置的问题。**

不要急着让老大们做决定。我可不是说你不要尽快敲定生意，老大们喜欢细节，所以你要鼓励他们多提问题。

还有就是这些老大都很自负。开场时可能你总想着问问他是怎样成功经营公司的。这时你可要小心了，他们可不喜欢听见虚伪奉承的话。如果你真想给亨纳先生留个好印象，那就多做做他们公司的功课，如果该公司在证券交易所上市，你可以咨询经纪人，以得到该公司的最新数据。

与老大生意的最终敲定

在你专注于展示自己的产品时，始终牢记，这些老大们既想要了解有利方面，也愿意了解不利的方面。千万不要试图欺骗他们，说自己的产品十分可靠，毫无瑕疵。

这时候心理学上的“反向吸引”（Oppositional Attraction）就派上用场了。这跟我给一个小孩做咨询时的情况一样。在研究所的时候，我们发现如果你对一个2岁左右的孩子说：“你过来，来找我。”他一般都会朝相反的方向走去，而且是能走多快走多快。在这种情况下要想让孩子过来，你就要后退一步说：“来，来找我。”刚开始听到这种说法我还不相信，但是事实是孩子十之八九都会这样做。因为你的后退不会让孩子感到被别人控制，这样他才不会害怕。

对2岁儿童的处理方式跟对45岁的采购代理或CEO的处理方式有什么关系吗？关系可大了。这时你可不要仅仅像平常促销时那样说：“请跟我们签合同吧。”相反，你要以退为进，你要让老大知道他才是掌控者和决策者。你把事情的好坏方面都列出来，例如：“我知道您与他们公司合作也有七八年了，他们的服务也很到位。如果我说只有我们公司的服务才是最好的，那是不可能的，很多公司的服务都很好。但是我对我们公司可以提供的新领域的服务还是很有信心的，在好几个领域中我们都领先于同行。我们可不是刚刚起步，我们公司已经有了自己过硬的产品和服务。”

接下来的事你就不用管了。你的宣传工作已经完成，接下来就该他做决定了。如果事情进展顺利，你会听到他这样说：“我再想想看。我认识一个人在使用你的产品（或服务）。我想先给他打个电话，问问他觉得怎么样。”

还有一种可能，他会说：“非常感谢，如果我们决定采用会通知您的。”

一般情况下，在你第一次打电话的时候，很可能得到的是第二种答复。其实第一次打电话，你的任务就是要把自己的脚趾头塞进门缝里。那么接下来你就有机会把整个身子都塞进去。

这些老大们确实令人生畏，但也不是无法沟通。如果你效率高，又会考虑到他们时间有限，那他们肯定很欣赏你。跟老大们打交道，请记住：不要竭力跟他们套近乎，不要拖泥带水，干净利落地完成每一步就可以了。

如何向中间孩子做推销

销售其实就是张关系网，对这句话的理解，恐怕中间孩子最有感触了。中间孩子生来就有种关系概念，因为他们太渴望与人联系了。前面提到过，他们是首先离开家庭的人，他们更愿意在外面的世界结交朋友，建立起关系网。

和中间孩子打交道的时候，你要记住，他们很有合作意识，为人忠实可靠。不像那些老大，这些中间孩子喜欢别人问问题，而且问题越多越好。这是为什么呢？答案很简单：小时候在家里，别人从来没有问过他们那么多问题。

虽然大多数中间孩子比其他排行的人易于相处，但也有例外。你也可能会遇到一个争强好胜，甚至是很有侵略性的中间孩子。他们还有可能并不崇尚关系，不合群，甚至有些害羞。但是经过我多年观察，那些处于中层管理位置的中间孩子，他们虽然有购买产品和服务的决定权，但他们更倾向于充当双方关系调解员的角色。

如何与中间孩子建立关系

去拜访那些不善打理关系的中间孩子的时候，你可以问一下他们需不需要其他人陪同，或是一块儿去吃午饭。这样多一个人，谈话就容易得多，他们也感觉自在一些。千万不要不预先通知就带自己的同事去，这会让他们感到有些不知所措。

你也可以选择不在办公室里和他们见面，而是另外找地方，比如一起吃午饭。谈话中尽量少用推销的口吻，而是更多地谈谈社交方面的话题。如果你能把你跟老大们说话的速度降半拍，多替中间孩子考虑，那么他们对你的产品介绍会有更好的反应的。你要让他们感觉到你不仅仅是要卖出什么东西，你也想多了解他们。

尽可能让他们相信，你为他们和他们的特殊利益着想。假如，他们仅仅是个小商人，而你的公司经常跟那些大公司合作，那就让他们感觉到你不会因为他们的公司小就不认真对待。比如，你可以说："我们公司为适应与小公司的合作最近刚设立了新部门，我想给您介绍一个能帮您省钱的项目。"

一个很有效的办法就是询问他们遇到的最大的困难和阻力是什么。了解一下你能帮什么忙。例如："希望您到我们工厂看看。看看我们可以帮什么忙。"

还可以这么说："想请您去见见我们公司的人，实地了解一下我们是怎样为像您这样的公司提供服务的。"

跟中间孩子做生意，可能不会一次敲定。要跟他们慢慢建立关系，指明自己能做的事，接下来就是等待了。一般说来，这些中间孩子会比那些有决断力的老大或冲动的老小更难下决心。可能跟他们敲定生意花费的时间要长一些，不过是一旦成功，他们会成为你忠实的客户（前提是你的服务要好）。

中间孩子更喜欢温暖情调

请记住，中间孩子更容易使用老办法来做验证。他们的想法往往是："如果东西不坏，为什么要修理？或者，如果我用某公司产品好好的，为什么要换成另一家公司的？"显然，价格可能是其中一个因素，但它并不会是首要因素。尤其是对那些中间孩子来说，他们要的是好的服务、融洽的合作关系，以及让他们觉得安全可靠。

这些中间孩子并不像老大们那样惧怕变化（或者是被变化困扰）。老大们愿意维持现状，因为这样一切还在他们的掌控之中。但是中间孩子呢，在成长过程中他们从来就没有什么掌控力，所以他们应变自如。

虽然中间孩子不像老大那样追求完美，但这并不代表所有的中间孩子都不是完美主义者。无论你排行老几都可能会屈从于完美。只是家中的老大还有那些独生子女们自记事起就要承受相当大的压力，迫使他们不得不这样。

与中间孩子敲定生意

虽然退款保证或承诺对任何人来说都很有吸引力，但这尤其能吸引中间孩子。要知道他们内心还是有点儿缺乏安全感（或许不止一点儿）。童年那被夹在中间受挤压、被忽视的经历给他们留下了一些心理阴影。

你可以向他们强调，如果他们不相信的话可以问问其他使用者，并且保证他们购买的任何产品都可以享受特殊服务。比如，你可以说："咱们都清楚这个产品很多公司都在做，但是我们公司的特色在于可以为客户特别定制（或提供专属服务）。为了方便您的使用我们可以灵活调整。"

与中间孩子做交易，你必须牢记：销售就是建立关系。

如何向老小做推销

还有一类孩子比中间孩子更加重视双方关系。我说的自然就是家中的老小。当你向老小们做推销的时候，我总是会说："你要想办法把他们逗乐。"也就是说，要尽量幽默，还要认识到老小们不会墨守成规，他们会随机应变。

抓住时机做推销

如果你的客户（或是潜在的客户）是家中的老小，那你越有幽默感越好。这并不是说你要戴着那顶小丑的帽子蹦蹦跳跳地去见他们。我的意思是，别看老小表面上像个一本正经的生意人，但他们骨子里还是好玩好闹。

如果各方面的条件都有利于你跟中间孩子做生意，那么也同样有利于你跟老小做生意，而且后者可能效果更佳。这些老小们虽然贪玩，但在工作上也是很认真的，有时候他们更想一举两得。

在跟身为老小的客户聊天时，要记住，他们很希望你讲个故事或是说个小笑话。他们会问："能跟我说说你们做生意时有哪些有意思的事吗？我很想听听。"

还有，讲笑话的时候，一定不要讲黄色笑话。虽然我喜欢幽默，但我一直坚持这个原则，不是因为我认为这种方式做生意更安全，而是因为在任何情况下它都是最得体的方式。

跟老小们做生意一定要快，他们很忙，可没有时间浪费。这些老小在某些事上愿意多花时间，这样在他们不大感兴趣的事上就会少花时间了。如果客户对你的故事很感兴趣，你一定要注意把握时间。留给你的时间可能很快就到了，他一会儿就要走了，甚至中途就会离开，奔向下一个预约的人，这样一来你甚至都没有机会向他推销产品。

在向他做产品介绍的时候，记住老小对名字很敏感。那么你就该有意识地提及已经使用过你们产品或服务的那些有头有脸的人或是公司了。

跟老小敲定生意

典型的老小跟典型的老大特点正好相反。要记住老大们对那些花花绿绿的图片和装帧精美的宣传册并不十分关心。他们想看的是产品的规格、数据和图表。但是老小们就对那些漂亮的宣传材料颇为感兴趣。这源于他们骨子里那种孩子的本性。

也就是说，他们会先问问："这种产品对我来说有什么实际效用吗？我为什么会喜欢？"我不是说老小无法做出正确的商业决策，我是说，如果让他们权衡商业利弊和个人喜好的话，他们会偏重个人喜好。

老小更喜欢冒险

研究表明，家里后出生的几个孩子尤其是老小，比老大更喜欢冒险。一位南方某知名大学的营销学教授有次遇见我说，她刚读完了我这本书，很喜欢。她推测说，由于老大总是担当领导者的角色，如果知道他们在想什么，就可以预先规划营销的方向了。

我很高兴她把从这本书中所学的东西用于工作，我说："你说得很对，社会上的领导人物通常是老大，这确实可以证明，但是如果想要找到发展趋势，你就要看其他排行的孩子们在做些什么了。相比之下，他们更愿意冒险，以求改变。"

知道了其他孩子更愿意冒险，你就知道接下来应该怎么做了。他们想的是即刻采取行动而不是稍后行动，老小们往往有这种冲动，所以对他们，你可以或多或少施加压力，让他们早做决定。假如你发现这个老小对你的产品介绍感兴趣，就赶紧要求他做出承诺，或是签下合同。

最近我去买车。老板是老大，穿着考究，识人也很准，看出了我的行事方式，并且也有他自己的一套对策。比如，他看出了我在赶时间，有些不耐烦。或许他还记得，我有点冲动，因为之前他跟我做过交易。所以，他说话一点也不啰唆。他定了价，让我签了字，很短的时间内我就把车开走了。虽说他在对不同排行的人用不同的营销手段方面没有经过专门的培训，但是至少在跟我这个老小做生意的时候做得相当不错。

跟老小们打交道会很有意思，但是可不要想当然地以为他们很好对付。请记住这些孩子也有自己的黑暗面。他们会说："我就是要做给你们看！"这些老小让我们想起了一个道理：**每个人都需要尊重，但是有些人尤其需要尊重。**

生意场上最大的秘密

之前我说过，以上根据排行来决定营销方法的所谓秘密大部分基于我们的常识。但是关于营销或是管理员工方面最大的秘密是：找准个人的喜好。

作为一名作家，我经常为自己的新书做宣传。出版商会让我在几个城市做巡回签售，我会上电视、电台，还会在当地的书店跟大家面对面交流。通常来说我很喜欢在当地书店停留。但在极少数情况下，我也会遭遇身为一个作家的噩梦：虽然在电视或电台上的访问很成功，但是节目完成之后，去当地的书店一看，竟然根本没有我的新书。

前不久我在中西部的一个大城市参加签售活动，接待我的是一个文雅的女士，她不光了解书，而且认识的人也不少，尤其是对当地的书店老板更是熟悉。她带我去见了一个书店老板，这是一家全国知名的连锁店，她跟我说，老板的女儿在车祸中受了伤，并且伤得很严重，用了整整一年了，小女孩才康复。

我跟这位女士说，谢谢她提供的信息。几分钟后她把我引荐给了这位老板，我就说："听说您是个了不起的女人，大家对您的评价都很高啊。我知道这一年对您来说很不容易。"

这位老板马上来了精神，我们的谈话进展顺利。其实原因很简单，我的这几句话已经将我们的关系拉近了，让她明白我了解她的痛苦经历。

然后我接着说："我自己也有 4 个女儿。"

她真正需要的仅仅是安慰。老板跟我谈起了她女儿的伤势，恢复是如何的缓慢，让人心灰意冷。

过了好大一会儿，我们才谈到正题：为什么我来这里。我回答说我是来这里宣传新书的。如遭雷击一般，老板惊呼："天啊，今天您上什么节目了吧？对了，我们这里好像还没有您的书。我马上就订购！"几分钟后，她就在计算机上订购了我的新书，数量相当可观。

后来，陪同我的那位女士开车送我去机场，路上我们聊起了我跟那个老板的谈话，她说我能这么快地跟别人建立关系让她很吃惊。然后我就说："如果两年之后我再给那位女士打电话，一说我的名字，她肯定还记得我。为什么呢？因为我关心的是她和她的孩子，而不是一开始就推销我的书。"

我这个故事就是要说明这一点。我跟其他作家一样很想尽可能多地卖书，但是我跟别人建立关系绝不是仅为了这些，我对这些人确实关心，但是我得到的好处也是显而易见的。

正如俗话说的："与人为善，与己为善。"如果你想要别人怎样对待你，你就该怎么样对待别人。如此一来你的动机是好的，结果自然也是好的。

这不仅是生意场上的真理，也适用于我们的日常生活，包括婚姻这样最亲密的关系。

16

受排行影响的婚姻

在我还没有为夫妻做心理咨询之前，我一直相信天作之合是存在的。可是后来我明白了，其实婚姻都很世俗。对来做心理咨询的夫妻我会一上来就问：“您在家中排行老几?”

回答一般会是：“我是老大，她也是。”或者“我家就我一个孩子，她也是。”

这并不是说我没有为中间孩子或者老小做过咨询，而是这些年来，我为数千对夫妻做了咨询，结果发现那些夫妻关系最不稳定、互相对抗、互相贬低的，往往双方都是老大，如果俩人都是独生子女那就更糟了。

他们之间的关系并不是真正意义上的婚姻，真正的婚姻是双方对彼此有吸引力，能互相分享，并最终融合为一个整体。而他们就像是两头山羊，不断地打斗，或者为了某件事僵在那儿，谁也不肯后退。

他们为什么事意见不合呢？所有事。老大和独生子女的天性就是追求完美，对任何事都吹毛求疵。有一首乡村歌曲是这么唱的：“你喜欢这样，而我喜欢那样。”说得太对了。

有一对同为老大的夫妻，每次咨询的前10～20分钟总是在吵架，而我就坐在那里听着，最后我忍无可忍把他们轰了出去。

我说：“今天这次咨询不收费。我不舒服，也听够了你们两个吵闹。你们回家好好想想吧。如果你们想好了，要维持这段婚姻，再来找我吧！”

这次因为吵架就把他们轰出去确实有些不近人情，但是这些年来在某些特殊情况下，我觉得这种做法还是有必要的。大约有一个月时间没有这对夫妻的消息，我就在心里嘀咕：“莱曼，这下可好，你把他们气走了，他们不会再回来了。”但几天后，他们又打电话来预约。这一次他们没有再吵架（至少没有当着我的面吵）。

这是怎么回事呢？他们只是做了一个小决定，就不再硬碰硬了。更确切地说，他们决定不再用语言暴力来伤害对方了。他们老是在小事上斗（典型的完美主义），但是就是这些小事把他们逼疯的。

往往是开车去某地的时候他俩就在车上“交火”了。身为老大的丈夫在开车，要上高速时，他选择走自己熟悉的另一条路，这时，同样是老大的妻子就会说了：“为什么在这里就拐弯啊？我们不是要走高速吗？”

“我一直就是走的这条路啊。”丈夫回答说。

“哦，你应该在埃尔姆街拐回去的，”妻子回答，“要近不少呢。”

之前我们没有取得任何实际的进展，后来我问了他们一个简单的问题："你们老是在责怪对方，那这场婚姻谁是赢家啊？谁更强呢？"

他们看了看对方，说道："谁也没赢。"

"那是一定的！"我说。然后我又跟他们说，他们在家里的出生排行一样。一旦他们懂得了两个老大凑一块儿本身就很不稳定，他们就要学会让步和接受对方。

送走他们的时候，我又给了他们一些建议："记好了，不要整天怒气冲冲，每天晚上睡觉前两个人交流一下。如果一方又在小事上挑刺，另一方要学会幽默，笑一笑。还有，下次再上高速的时候就从埃尔姆街上吧！"

这些年来，我给追求完美的人做的咨询算是不少了，基本上都是问题不解决，婚姻马上就会垮掉的那种。但是两个中间孩子或是两个老小组成的婚姻也可能很失败。如果不想让自己的婚姻承担风险，那就记好一项原则（但不是什么标准）：不要跟自己排行一样的人结婚。如果你想让自己婚姻幸福的概率高一点儿，就在自己的排行之外寻找伴侣。本章后面会对此有所介绍，现在我们来看看这些跟自己排行一样的人结婚后的情况。

缺少沟通的西尔维娅和马克

还有一种情形的婚姻也会遇到麻烦，那就是两个中间孩子的结合。我们了解到中间孩子会有自己的定位，这种定位要看家中的老大是强还是弱。他们可以朝多个方向发展，但基本上他们都很有调解和协商的能力。

总之，虽说中间孩子跟外交家十分相像，这在婚姻中应该很好，但结果是两个中间孩子在婚姻中总是不惜一切地寻求和解。他们是天生的逃避者——开始是逃避问题，最后是逃避对方。中间孩子喜欢在平静的大海里徜徉。他们不想激起波澜，这样一来，他们的生活表面上很平静，但实际上狂风暴雨正在酝酿之中，所有这些都是因为他们不懂得交流。

西尔维娅就是这种情况。她 32 岁，文静，皮肤稍黑，五个孩子中排行老三。上有两个姐姐，下有两个弟弟，西尔维娅的童年和少年时期都是在被忽视中度过的。长大后她性格很内敛，做事很被动，典型的避免冲突型。在母亲上班的时候，她经常照看两个弟弟，以此来取悦父母。

马克，29 岁，三个孩子中排行老二。他哥哥在各方面都是最优秀的，而妹妹在家里享受典型的“宝贝公主”待遇，马克觉得对自己很不公平。

马克很早就在外面找寻自己的朋友，也有了自己独立的生活，这也是中间孩子的典型特点。这其中一位朋友就是西尔维娅。他们高中时恋爱，毕业后很快结了婚。8 年后，西尔维娅和马克有了两个孩子，一个 7 岁，一个 4 岁。

是西尔维娅要求进行婚姻问题咨询的。因为她经常向姐姐抱怨自己整天围着孩子转，根本无法与丈夫沟通，姐姐最后厌烦了，就建议她去婚姻咨询处。几个月来马克一直说要加班，西尔维娅担心丈夫是不是有了外遇。

后来我分别与西尔维娅和马克进行了谈话。可以肯定的是，马克在外面没有女人。你可能还记得，中间孩子是所有排行中最忠贞的，马克完全符合这一条。在他看来一个女人就够他受的了，更何况她还想干涉自己的生活。西尔维娅对待马克还像之前对弟弟那样，她总是告诉他该干什么，马克很反感这一点，尤其是出自他的妻子之口，他更受不了。但作为一个中间孩子，马克不想让平静的生活起风浪。他极力想避免冲突，这样一来最简单的办法就是说：“对不起，我今晚要工作到很晚。”

西尔维娅不知道怎样处理跟马克的关系，所以只能乱猜。西尔维娅来找我帮忙之前，他们之间没有做过沟通。西尔维娅和马克决定在孩子们睡着之后沟通一下，这样他们才能专注于对方，结果成效很大。马克说出了自己的感受后，西尔维娅如释重负，因为之前他的沉默以及一心工作让她很困惑。马克也知道了，他可以把想法告诉妻子，而且她还不产生抵触。

虽然西尔维娅很高兴与马克进行沟通，但她却难以用语言来表达自己的想法。我建议说，她可以时不时地给马克写一些鼓励他的便签来弥补自己语言表达方面的不足。马克时常出差，这样西尔维娅就在他的旅行箱里夹进个小便签或是小卡片。在旅馆里打开旅行箱的时，看见这些爱的便签从衬衣里滑落下来，马克心里有说不出的感动。

俩人试着用这种新方式交流的另一个好处就是西尔维娅对身为两个孩子母亲这一身份不再感到那么厌倦了。马克回到家后也会说：“能帮什么忙吗？”这让西尔维娅很兴奋。马克愿意在家里帮忙了，西尔维娅也不再像以前那样“用母亲的方式告诉他该干什么”。

作为中间孩子，西尔维娅和马克都是作为结婚对象的好选择。但他们的情况是，两个人都是中间孩子，这就不好说了。他们可能不愿去沟通，因为内心想极力避免冲突，让生活平静的欲望已经大大超出了他们作为协商者和调解者的欲望。这听起来像是悖论，但双方关系就是这样变糟的。

债台高筑的彼得和玛丽

同样，对家中的老小来说，跟与自己排行一样的人结婚也不是最好的选择。从好的方面看，两个老小在恋爱的时候会很快乐，因为俩人都很幽默，都会全心全意地爱对方。可一旦结婚，其中一人最好担起预算师的职责，否则他们就有破产的可能。

彼得和玛丽都是家中的老小，他们来向我咨询的时候，已经负债累累。他们都 30 岁出头，没有孩子，收入也不错，但是债务却高得惊人。他们的每张信用卡都刷爆了，好几笔账单也都过期未付，而且他们的车和滑水艇也即将被没收。之所以居住上还没出什么问题是因为房子是租的。房东说如果过了 10 天的宽限期，还交不上房租的话，就马上把他们撵出去。

所有这些问题最后肯定会波及婚姻。虽然彼得和玛丽在家里都没有受到过分的溺爱，但是自己组建家庭之后就想趋乐避苦。看见想要的东西，他们肯定会买（这可是要花钱的）。他们也会指责对方花钱很过分。他们对一切都失去控制了。

对于彼得和玛丽的问题，我要做的第一件事就是给他们联系一名财务顾问。顾问让他们锁紧口袋，整理债务，并制订还款方案。他甚至让他们停止使用所有的信用卡。

之后彼得和玛丽又来过几次。他们真正的问题在钱上，而非他们的婚姻。他们彼此深爱着对方，表示要永远在一起。如果他们决心至少两年不刷空卡，再把自己的那些值钱“玩意”（例如滑水艇）卖掉几样，他们就可以很稳定地生活下去了。

彼得和玛丽的案例很好地证明了两个老小组建的家庭中缺少规范性和稳定

性。老小在成长的过程中很受宠爱，家人都拿他当宝贝，对他嘘寒问暖，这些都不会让他学会怎样制订花销计划。另外，大家都认为他们还太小，太年轻，什么都不懂，干什么都干不好。到最后老小们通常都会产生一种无所谓的态度。一旦彼得和玛丽看到自己也可以控制花销，而且日子过得还不错，那他们就能更好地享受生活了。

什么样的排行组合才是黄金搭档

从上面的例子中，我们可以看出，跟与自己排行相同的人结婚会产生问题，那么什么样的排行组合才能带来美满的婚姻呢？根据我的咨询经验，我们可以大致得出以下结论：**要想婚姻要幸福，就得找一个跟自己的排行隔得远的人，并且越远越好。**

排行上的不同不仅能让彼此产生吸引，还对婚姻生活的发展有利。这一点已得到心理学研究的证实。[1] 根据心理学家的研究，独生子女和老小应该是最佳搭档，其次是老大跟老小，再次是中间孩子和老小。

接下来，我们大致看一下六种排行组合的婚姻，还有给这些组合的婚姻的小建议。请记住，我并不保证这些排行的组合就一定会婚姻幸福或是一定会失败。关键是我们从排行中可以得出一些共性来帮助夫妻解决可能出现的危机。

老大加老大意味着权力相争

从前面乔治和雪莉的例子中，我们看到两个追求完美的人凑到一块儿，必定要争夺权力，问题就在于两人对完美的追求和对权力的掌控。假如你的婚姻是老大或独生子女同老大或独生子女的组合，为了减少婚姻危机，增进和谐，给大家几个小建议：

1. 爱人说的话或做的事，你不要再想让它变得更好。对于一个完美主义者，这很可笑。但是，为了保住婚姻我建议你还是管管自己的舌头，能不说就不说。

2. 不要再告诉自己的爱人该干什么。对追求完美的老大来说，批评是他的第二天性。如果你对自己或爱人要求很高，那就把你原先预设的标杆降低吧。如果你不再对自己要求过高，慢慢地，对爱人你也不会再要求那么高了。

3. 一定要找准自己在家中的位置，避免权力斗争。也就是说，决定好谁负责干什么事。比如俩人可以一个负责购物，一个负责管账。对于各自的分工，可以互相帮助，尽量多为对方考虑。例如，如果一方买了东西，另一方就不应该再去抱怨花的钱太多。

4. 丢掉那种“必须要按我的办法来做”的态度。你的方法不一定是最好的。这些追求完美的老大们对爱人最好这样说：“或许你说得对。这次试试你的办法。”

老大加中间孩子意味着难以捉摸

跟中间孩子结婚的老大首先应该感到很宽心，因为中间孩子的婚姻通常很持久，但是同时中间孩子又很矛盾。中间孩子在成长的过程中学会了谈判、调解和妥协，但他们也可能变得很神秘，让人很难发现他们真实的感受。我发现那些中间孩子时不时地会给爱人摆出一副不咸不淡的态度，却不直接告诉对方心里是怎么想的。给老大跟中间孩子组合的几点建议：

1. 双方要定期交流自己的感受，说明到底双方出了哪些问题。不要让你的爱人有机会对你不咸不淡地回一句："没什么。"你要问问他"没什么"是什么意思。

婚姻中进行每日的梳理——至少几天一梳理，这对那些一方不愿说出自己感受的夫妻来说尤其有效。

2. 让另一半觉得自己受到重视。中间孩子很可能在家里没有被重视的感觉，所以做个小礼物，写封情书，真诚地说一些对方喜欢听的话，所有这些都会感动你的爱人，同时也巩固了婚姻。虽然下面的话适用于任何出生排行的人，但这尤其适合身为老大的丈夫和中间孩子的妻子。记住：**每天妻子都会变着法地问："你真的爱我吗？"她们每天都在等待你做出肯定的回答。**

3. 让你身为中间孩子的爱人说出自己的感受。记住，身为老大的你倾向于直接给出答案解决问题。但是不要这样，这时你应该问一下："你看呢?""告诉我你的想法"或者是："还有呢?"你应该多问问她们的看法，尤其是在人情方面的事上。中间孩子不但感觉敏锐，而且喜欢为别人排忧解难。

老大加老小意味着天赐之福

根据一项基于 3 000 个家庭的调查结果，老大跟老小结合，创造幸福婚姻的概率很高。[2]这是典型的相异相吸，双方相得益彰。老大会教给老小一些细节问题，比如做事要有条理和目标；而老小会让老大学会轻松生活，不要太严肃。老大和老小正好互补。

身为老大的女性一般很有母性，而作为老小的男性又很需要母爱。成为我大姐莎莉的小弟我感到很幸运，她经常照顾我，还教给了我一些关于女人的事。例如，她说女孩可不喜欢那些爱炫耀的，拉帮结派的男孩——互相推搡，大声说笑，还经常干傻事。她还说女孩们喜欢的是那些温柔、礼貌、理解人，能够当好听众的男孩。

给老大加老小组合的建议。

1. 不要让身为老小的爱人占便宜。我的妻子桑德虽是性格温和，但是能坚持己见。她希望我能够成为一家之主，学会主动承担责任。有时候，她很像我的高中英语老师——在她的课上我从来不敢胡闹，因此我会学到很多。孩子们出生后，我也干我应该分担的婴儿护理工作，洗尿布啊，给孩子洗澡啊。总之，她让我懂得了养儿育女不只是女人的工作。

2. 那些喜欢吹毛求疵的老大们必须要学会让步。只要你想找错，老小的错误简直随处可见。你可以尽力接受对方这些缺点，要么就慢慢给他（她）提建议，让其改正。如果你是老小，记住千万不要在身为老大的爱人面前把自己的缺点摆出来。

3. 如果你是老小，请记住别人也需要关注。老小们都爱在人前显摆，是典型的索求者："快看，快看啊，看我多厉害，奖励一下吧！"老大们总是表现得很坚强，好像他们不需要别人的关心，其实他们也需要。

4. 老小们要记得婚姻不是一个人的事。可能在家里都是身为老大的爱人打点一切，这些老小们常常不说一声就随便离开，去干自己的事——没跟爱人商量就去买东西，自己定时间，甚至直接把事都做了。

有一天，我们夫妇跟畅销书作家詹姆士·杜布森（James Dobson）博士吃午饭的时候我就问他：“吉姆，如果让你给我提一条建议，你会提什么呢？”

他看了看桑德，又看了看我，毫不犹豫地说：“凯文，以后不管做什么，请先和桑德沟通一下。”

显然杜布森博士的建议适用于任何排行的组合，但它尤其适用于老大和老小的组合。

中间孩子加中间孩子意味着一团糟

之前我们发现，两个中间孩子在一块儿很难交流。他们感觉没必要跟对方直接起冲突，他们还可能都不相信自己的判断。这是中间孩子的典型特征。

我在给都是中间孩子的夫妻做咨询的时候，我会让他们找一个透明的小罐，做一个简单的建议箱，两个人把各自的建议放进去，然后把它放在一个明显的位置。要保证手边有纸笔。丈夫用一种颜色的纸，妻子用另一种颜色的纸。结果证明这个方法很有用。

有些夫妻，尤其是男性，认为设这种建议箱是不是有点过了，我就说服他们让他们试试，因为有些人不习惯当着爱人的面说出自己的想法。维持这种组合的婚姻健康发展的几点建议：

1. 帮助对方建立自信。中间孩子往往对自己信心不足，因此夫妻双方要让对方知道你对他的能力很有信心。但是你的意见一定要真诚，那些明显是拍马屁或是应付的话千万不要说。

2. 为对方在家庭外的友谊保留充分的空间。记住，都是中间孩子，双方都可能有很多朋友。鼓励对方多跟朋友们联系，但是仅限于同性朋友。在我的咨询者档案中（还有其他咨询师不计其数的材料中）有不少出轨行为都是因为一方有“特殊的”异性朋友。

3. 为对方做些特殊安排。这一点之前提到过，但是还有必要重复一遍：在家里的时候中间孩子总是被挤压、被忽视，没有被重视的感觉。你不必花很多时间或钱，表达爱的便签就是很好的方式。一枝玫瑰，一小瓶香水，或是一顿特别的晚餐——其实最重要的是你的心意而不是花多少钱。

4. 最重要的是，要尊重彼此。如果要迟到了，先给对方打个电话，这就是尊重；在你答应别人之前，先问问对方的意见；在别人面前不要谈论自己的婚姻；在孩子们面前一定要支持自己的爱人，尤其是牵扯到原则问题时；在别人面前不要说对方的坏话。

中间孩子加老小意味着交流顺畅

根据我在排行方面的研究，中间孩子跟老小的结合成为美满婚姻的概率很高。中间孩子，很会协商和妥协，这与老小这类的社交达人很适合。

这听起来有些荒谬，但事实上，这种搭配在婚姻中易于双方说出自己的想法，使交流顺畅。之前我说过中间孩子不愿说出自己的感受，但那是跟老大在一起的情况，他们跟老小结合就不会有危机感。因此，这种组合很可能在交流方面占优势。想要锦上添花，参考下面的建议：

1. 作为中间孩子的一方要主持大局，但是千万不要摆出一副高人一等的架势。你这样的话，老小们很快就会发现，因为一直以来大家都是这么对他们的。

2. 把你的社交爱好跟老小分享一下，这样两个人在一起才会有意思。如果你是一个典型的中间孩子，朋友对你来说很重要，你喜欢跟人打交道。如果你的爱人是典型的老小，那么他（她）会随时准备冒险，尝试新的东西。作为中间孩子的你可以说你愿意和他（她）一起玩，但是客观条件不允许："亲爱的，我很愿意跟你一块儿去外面疯一晚上，等孩子们都睡了就可以了（或者是等忙完了工作）。"

3. 老小们应该意识到自己很自私，有种想一直待在聚光灯下引起别人注意的欲望。所以不要老等着别人来为你服务，好像你才是世界的中心。你还是尽一切所能让你的爱人感觉到在你身边会享受到特殊待遇吧。

4. 不要拿自己的爱人开玩笑。这对所有的排行来说都是个很好的建议，但这尤其适合于老小，他们总是想找点乐子，搞点恶作剧，有时还会讽刺别人。请记住，中间孩子总有种不如人的感觉，所以你很容易就开错了玩笑，或者开过了头。你的原则是跟你的爱人一起笑，而不是嘲笑他。

老小加老小意味着责任缺失

之前在这一方面我已经有所讨论，老小跟老小的结合很可能导致钱财管理出问题。老小们往往很难回答这个问题：你们这个"烂摊子"是谁当家啊？而且过不了多久，他们家可真就成了烂摊子了。

两个老小必须学会合作，合计好谁负责管账，谁负责购物，谁做饭洗碗，谁负责人情世故，谁负责打扫卫生，还有谁负责教育孩子，这些都要有明确的分工。

注意：妈妈和爸爸是一个团队，但其中一个要起主要作用，而另一个则是后援。

如果老小们不注意收紧钱袋，在这些实际问题上不做出明确的规定，他们很快就会陷入危机。老小总是有这么一种想法：我忘了没关系，对方会去做该做的事。

老小们总是想把责任推卸给别人，这样的话在身边除了爱人还会有谁呢？但是如果对方也是个老小的话，他才不会吃你这套，而且会反咬你一口。下面是给老小加老小组合的建议：

1. 谨防对方的选择性倾听。记住，你们两个人都是操控者。你们可能玩得正高兴，都会选择性地去听自己想听的。最后在被对方质问的时候，你又会搬出来那句老话："噢，我可没这么认为……我可从来没同意那么干……为什么不先告诉我一声呢？……我根本就不知道！"

2. 学会做一个积极的听众。要对付这种选择性倾听最好的办法就是你积极地倾听，也就是说听的时候不光用耳朵，正视着对方，感受一下对方是怎么想的，尽量去理解他谈论的事。

我经常用的方法就是让他们面对面坐下，而且膝盖相接，然后让他们手牵手地把事情说清楚。他们必须遵守规则：一方说话的时候，另一方不可以打断；听的一方在答复问题之前，必须向说话者反馈要点直到他满意为止。是的，这样的交谈很费劲，但它确实可以帮助夫妻学会如何倾听，理解对方在说什么。

3. 两个人要把话说明白。我建议可以尝试一下这个方法：一周一次或是两次，俩人坐下来谈谈关键问题。"我们花的钱还在预期中吧？""我们这样花销还行吗?”“还记得我们的结婚纪念日吗?”“你说我是在认真听吗?”

如果你不讳疾忌医，那这最后一个问题就说明你们可能还需要在积极倾听上多加练习。

4. 放松心情。这些都是你的天性，所以在情况变得紧张的时候要适时发挥。记住作为家中的老小，你只有仰视别人，学会如何在一群大孩子面前表现，学会如何处理一些棘手的问题，才能生活下去。在婚姻问题上，你只有跟自己的爱人共同努力，才能解决好问题。

5. 保持幽默感，永不放弃。还记得我说过的中间孩子和老小搭配的情况吗?那也同样适合老小加老小组合。不要开对方的玩笑，你们可以一起开怀大笑，却不要彼此嘲笑。

仅起指示作用，并非固定答案

我向大家说的所谓的“最好的”和“不热门的”排行婚姻组合，听完后你是（因为自己的组合是最佳而）欢欣鼓舞呢，还是备受打击呢?你也可能很疑惑，明明自己的婚姻应该很幸福，可为什么结果却不是这样呢?也许你会心里很愤懑，你说我们的婚姻不是最佳组合，我们还是过得很好。莱曼说的也不可能全对吧?

我们这本书讨论的不同排行结合的婚姻关系是强是弱都是基于一个原则，之前我一直强调，并且接下来我还会强调：**在谈到受出生排行影响的时候，我们所有的说法仅是起一种指示的作用，而不是规则。**

也就是说我们所说的仅起指示作用，给你指明方向，并不是说你的婚姻早被你的排行所决定。这不能成为你们的借口："唉，没希望了。我们俩都是老大，我们肯定要离婚了。"

我认识不少人是老大跟老大的组合，但是他们照样相处得很好。我姐姐莎莉就是老大，她是个很好的例子。她嫁给了韦斯，他也是老大，还是个牙医，做事一丝不苟，追求完美。或许你会想现在莎莉和韦斯一定因为互相挑刺，已经打破了头吧，但事实并非如此。他们有共同的信仰，很会寻找平衡点，工作都很努力，所有这些都让婚姻变得很牢固。他们的三个孩子可以作证。

所以，这种事也不是绝对的。排行不会决定一切，它起的仅仅是一个指示作用，你可以参照它来处理一些问题。不管你跟配偶排行第几，重要的是用自己的力量来改变缺点。要让自己的婚姻幸福并没有什么奥秘，但也不是一件简单的事。了解自己跟爱人各自排行的特点仅是生活幸福的第一步。

夫妻小测验

The Birth Order Book

1. 我很爱挑刺吗？我会因为对方的穿着、说话方式和行为方式而不满吗？经常如此吗？
2. 我会去鼓励爱人吗？
3. 我们会把事谈个明白吗？我们会留出"两个人的时间"吗？
4. 我们最后一次不带孩子单独过周末是什么时候？
5. 我最后一次称赞爱人是什么时候？
6. 那次仅仅为了一句"我爱你"而给对方送了个特殊的礼物是什么时候？

7. 我多长时间没对爱人说“我爱你”这三个字了？
8. 什么事情是爱人希望我去做的呢？我这周会去做吗？
9. 我们彼此有共同的信仰吗？
10. 我会努力找出爱人喜欢的东西吗？我会花时间去了解他最爱的活动吗？
11. 离我上次从他办公室（或是更忙的情况）“绑架”他出去过二人世界已经过去多长时间了？
12. 上次我提前下班照顾孩子，让爱人去逛商店或者去干点他自己的事是什么时候？
13. 我最后一次说“很抱歉，我错了，能原谅我吗”是什么时候？

17

婚姻中的控制者和取悦者

如果夫妻之间出现了问题，并决定去找心理咨询师，我首先要问的是他们每个人的生活方式和生活主线。[1] 从心理学角度来看，这些术语的含义如下：个人的生活方式——一个人看待自己、其他人和世界的特殊方式。每个人对生活的看法不同。对我们来说，现实就是我们从表面看到的实质。个人的生活主线——或是生活主调，我们每天都是以它为主导，甚至每一刻都受它的影响。我们很少用这么多话来描述自己的生活主线，但它确实存在，并且指导着我们的行动。

"生活方式"这个词是阿尔弗雷德·阿德勒创造的，他在 20 世纪初创立了个体心理学。阿德勒认为，从婴儿早期，我们就开始规划人生，并不断地追求这些人生目标。如果没有特定的目标我们就不知道怎么办。也就是他所说的，"如果没有目标我们就不能思考，不能感受，也就不会有所行动。"[2]

在他看来，婴儿出生后，会快速对周围环境作出评估，并开始形成自己的目标。显然孩子做这些都是无意识的，他不会在他的预约本上随手记下自己的目标，但这些信息都在他的小脑袋里出现了。阿德勒说：

> 每个人的目标很可能在他生命的头几个月就形成了。即使在这段时间，他的某些感觉也会发挥作用，让孩子有喜悦或舒适的反应。这样生活哲学的头几段就浮出了水面，虽然样子还很粗糙。[3]

你可能会问，这其中有没有遗传因素呢，难道孩子学习的一切都是从环境中获取的吗？心理学家们长期以来一直在探究是遗传还是环境对人类的影响更大。根据阿尔弗雷德·阿德勒的大弟子之一鲁道夫·德雷克斯（Rudolph Dreikurs）的说法，孩子在成长过程中会受遗传和环境的双重影响，从他生长的环境（主要是他的家庭）中，他会发现自己的所长所短，然后从自己的经历中找出有利因素和不利因素，他的人格也就开始形成了。[4]

婴儿在成长和追求自己的原始目标的过程中，就开始形成阿德勒所说的生活方式。每个孩子生来就想被关注，所以他的原始目标之一就是以某种方式获得关注。不管孩子以正面方式还是负面方式，如果结果不是他想要的，他便会受挫，转而朝下一个目标努力：获得力量。如果他想变得强大的目标（例如控制自己的父母）再次失败，那他会更加受挫，目标就很可能会转为报复别人。

获得关注、寻求力量和报复是孩子行为的三个基本动机。大多数孩子主要是停留在获得关注或寻求力量的阶段，很少会有孩子达到报复的阶段。那些达到这个阶段的孩子，基本上要么进监狱要么进其他惩教机构了。

孩子在追求自己目标的过程中会形成独特的生活方式，生活主线也就形成了。心理学上对生活主线（有些咨询者称之为生活主调）的完整定义有些复杂，我们可以把生活主线看作一个人的座右铭或想法，每天都会下意识地重复，并且对此坚信不疑。如果你对生活主线的存在还有所怀疑，那么可以回顾你一周、一月或是一年中的所有行为，你会发现你的生活主线。

一个人的生活主线总是跟自我形象和自我价值相关。我喜欢用“当……的时候才好”来描述一个人的生活主线，在你把这句话填完整时，我就可以了解你的生活方式，而且我也对你的排行有了几分把握。或许你的生活主线本身就是个错误，或者部分错误，但它并不会决定你的一切，因为你有能力去改变，去弥补、战胜弱点，发挥优点。

控制者和取悦者

虽然每个人的生活方式在某种程度上来说都不一样，但是大部分人还是符合广义上的分类的。在找我做咨询的人中，最多的是属于控制者和取悦者，下面我们分别看一下。后面我对其他的生活方式比如受虐者、受害者、汲取关注者和强迫者还会介绍。

控制者

控制者往往是强有力的人，他们控制别人一般会出于以下两种动机之一。第一种往往是家里的老大，感觉应该照顾自己的弟妹。他们对力量的强烈需求会促使他们想去控制一切。什么事都逃不过他们的火眼金睛，跟他们接触的人都不会免于他们的掌控。

另一类控制者却是出于恐惧。这种人有防备心理，主要是想保证别人不去控制他！他们跟人要有一臂之隔才会有舒适感。他们避免亲密，是因为他们害怕失去控制。毫不奇怪，控制者往往会害怕死亡，因为死亡是任何人都无法控制的。

控制者的另一个特点（记住这里提到的所有特征不一定每个控制者都具备）是他们喜欢挑剔，还追求完美。他们总是尽力清除生活中的障碍，还让周围的人跟他们一样。当然，这些控制者们迫切需要确保在每件事上他们都是对的。他们喜欢争论，而且很少输。

虽然控制者好像很好斗，很自信，但是他们也可能很情绪化，缺乏安全感，很内向。他们可以操纵他人，尤其是他们的家人。他们会用泪水或是发脾气，或者两者兼而有之的办法来达到目的。

还有人表面上看起来风平浪静，甚至爱意浓浓，但是内心里却是另一番天地。一位控制心强的母亲会担心家里的每个人以此来实现对家庭的控制。而父亲则会通过沉默来实现自己的控制力，他不表态，家里人就会如履薄冰。

典型的控制者的生活主线是这样的：

> “我能控制住局势才好。”
> “我主管才行。”
> “我主持演出，我说开始才开始，这样才行。”

取悦者

跟控制者有 180 度大反差的是取悦者，一般是一些顺从的老大。取悦者通常自我感觉不好，这也就是他们要尽力让别人高兴的原因。在他们看来，价值通过做的事才能体现出来，而不是体现在他们本身。生活中的他们总是戴着面具，微笑着，点着头，可能心里对你的做法不以为然，他们也常常恨自己没有胆量说出来。

他们很少把自己的想法说出来，因为在他们看来那就是一种反对，他们还是愿意顺着别人的想法说。他们在社会中游刃有余，能够读懂别人发出的信号，还懂得怎样做能够皆大欢喜。

同样取悦者也可能成为完美主义者，但是他们追求完美的方式跟控制者不一样。他们经常担心自己是不是符合标准，做得够不够好，算不算完美。我们可以这么说，他们是害怕成为别人才成为完美主义者的。

取悦者的生活主线包括以下内容：

"我把一切都处理好了才行。"
"别人都喜欢我才好。"
"别人都赞成我做的才好。"
"凡事我让着别人才好。"

控制者和取悦者往往会结合

控制者往往跟取悦者结婚（相异相吸），并且控制者在多数情况下又让取悦者很不好过。在通常情况下，丈夫是控制者，妻子是取悦者，但也有一些情况下正好相反。

要让一个控制型的丈夫来做咨询可不容易，因为在他看来出问题的是他的妻子，不是他，他才不会错呢。但是如果这些控制者最后同意做咨询，他的真面目很快就会暴露出来。谈话中他的生活主线处处体现："由我说了算才行……事情朝我说的进行才好……我主管的话……”

为了让我的客户辨明他约会或结婚的对象是不是个控制者，我出了如下的测试题。由于大多数控制者都是男性，所以下面的陈述我用的都是“他”。

寻找控制者的蛛丝马迹

在下面的陈述中，如果是“总是”得 4 分，“经常”得 3 分，“有时”得 2 分，“很少”得 1 分。

____ 1. 他会很挑剔——他给自己和他人定的标准很高，是个完美主义者。

____ 2. 即使他做的事或者说的话真的很别扭，甚至是错了，他也不会嘲笑自己。

____ 3. 他会用微妙的幽默来贬低他人。

____ 4. 他跟他的母亲（或是他生活中的其他女性，比如姐妹或是上级主管）关系不好（或是很糟糕）。

____ 5. 他会抱怨权威人物（老板、老师、牧师、甚至总统），说他们“不知道自己做了些什么”。

____ 6. 在运动或桌牌游戏中他一定要赢，表现得很有竞争力。

____ 7. 不论他的做法是巧妙还是不巧妙，他都会为你们两个人的生活做出安排。

____ 8. 他更愿意去主持而不是去做个观众——无论是在工作上，在某个委员会里，还是在家人和朋友中。

____ 9. 对“我错了”这三个字很难说出口，他也不会在陷入困境的时候为自己找借口。

____ 10. 他会发脾气（提高嗓音，大声喊叫，骂人）。

____ 11. 他会推搡或是打你，还会摔东西。

____ 12. 他让你把花的每一分钱都说明白，但是他花钱却相当自由。

____ 13. 性爱是满足他的快乐，随他的意愿。

____ 14. 即使喝得不多，他在酒后也像变了个人似的。

____ 15. 他会为自己的过量饮酒找借口。

这样的测试题并不能成为铁证，但是它能帮助你分析跟爱人的关系。如果你给爱人打的分在 50～60，那他的控制欲就极强。唯一的办法就是让他去接受专业的心理咨询，如果他愿意去的话。但如果你们订了婚，未婚夫得了 50～60 分，那么我的建议是把戒指还回去，离开他。

如果你的丈夫或是未婚夫得的分在 40～49 分，那他就是个典型的控制者，他们很可能愿意改变自己的行为。

如果你的丈夫或是未婚夫得的分在 30～39 分，那他控制欲就比较均衡，他有时候会掌控局面，有时候也会灵活处理。

如果你给丈夫或是未婚夫打的分是 29 分或是更少，那你先重新检查一遍。如果你没有算错分，那么你拥有的就是难得的男性取悦者。但仔细看一遍，如果他们在 10，11，12，13 和 14 题得分都在 2 分以上，这些都表明他有高度的控制欲，甚至想用暴力和虐待来主宰你的生活。

寻找取悦者的蛛丝马迹

下面的陈述中用的是“她”，因为大多数取悦者都是女性。“总是”得 4 分，“经常”得 3 分，“有时”得 2 分，“很少”得 1 分。

____ 1. 为了让大家高兴，她做事都很小心翼翼。

____ 2. 她很疑惑为什么她做事总做不对。

____ 3. 她没有安全感，缺乏自信心。

____ 4. 她的父亲很独断。

____ 5. 她避免跟别人争论，因为她感觉“不值得”。

____ 6. 她会经常说“我本应该……”或“我应该……”

____ 7. 她觉得自己已经被爱人甚至孩子压倒了。

____ 8. 她很少得到别人的爱。

____ 9. 她想去隐藏或者逃避生活中的争斗。

____ 10. 她的爱人和孩子知道什么事会让她感到内疚。

____ 11. 当她内心不同意的时候，她会表面上假装同意。

____ 12. 别人很容易说服她，她会听从最后一个和她说话的人。

____ 13. 她害怕尝试新东西或是冒险。

____ 14. 让她争取自己的权利或是带头做什么，她会很困窘。

____ 15. 爱人和孩子很少尊重她。

如果你的爱人可以得到 50～60 分，那她就是个极度受苦的取悦者，她会很容易落入那些厌恶女人的男人手中（这些人需要进行专业的心理辅导）。

得分在 40～49 分的则是性情压抑的取悦者，对她们来说如果她愿意采取行动面对自己的丈夫还是可以改变的。

得分在 30～39 分的则是轻度的取悦者。在生活中她的积极因素超过消极因素，但是她还是希望得到更多的尊重，尤其是家人的尊重。

那些得分在 29 分及少于 29 分的，则属于“积极取悦者”一类。她们能够很好地在自己付出的天性和获得她们需要的爱、支持和尊重之间找到平衡。

给控制者和取悦者组合的建议

对在家庭中遇到控制者或是取悦者问题的夫妇，我给出一些建议：

1. 如果你跟一个控制者结了婚，你应该认识到你不是要去改变他，你要做的仅是改变自己的处事方式，让对方决定他要不要改变。

2. 尽量让自己积极，但是千万不要陪对方玩控制与被控制的游戏。你可以选择一种好的方式拒绝被对方控制，但态度一定要坚决。如果你能够抓住这个控制者的手，他就必须要改变了，因为他再也不会得到他想要的了。关键是要让控制者认识到如果他想控制自己，那很好，但是如果想控制家里的其他人，那就必须要付出代价。

3. 如果你是个爱大声嚷嚷的控制者，那就找个地方把自己的想法大声喊出来。如果对别人说的时候很难控制自己，往往对自己说的时候就好多了，说话方式也更容易让人接受，慢慢地就可以用同样的方式跟爱人交流了。（如果你的控制欲已经到了用谩骂和身体伤害来发泄的时候，就赶快去近处的心理治疗师那里接受治疗吧。）

4. 如果你的目标是追求完美，那生活中你会一直感到很失落，因为你永远不会实现。你的追求没有希望，不会有结果。你必须要有勇气接纳你和你的爱人，因为你们都不是完美的人，还需要学习，还在成长中，也处在不断地改变中。

5. 我对控制者最后的忠告是，想要控制每个人、每件事是徒劳无益的，这根本就不会实现。在婚姻问题上，一切又回到了我们之前说的合二为一的说法：当两个人糅合为一体的时候，两个人都是控制者，都可以自由地处理事情。

取悦者和控制者之外还有受虐者等其他类型

除了控制者和取悦者外，还有其他的一些宽泛的描述性标签，有些人具有的标签还不止一个。例如，取悦者可能会跟“受虐者”或“受害者”有交集，因为他们都想去取悦他人而且总是去赞成别人的说法。

受虐者是那些自我感觉不好的人，但是他们还去找那些会毁坏自己形象的人（主要是配偶）让自我形象变得更糟。

这些受虐者总是能找到品质不佳的人，让他们压迫自己，虐待自己。这些受虐者一般最后会嫁给酒鬼，还纵容他们，为他们喝酒找借口，说他们是出于“爱”自己才这样的。

受虐者在成长过程中慢慢变成了门前的擦鞋垫，她们的父亲往往非常严格，很有占有欲和控制欲。受虐妻子的丈夫往往不干正事，或者早已离她们而去，或者为了其他女人将要离开她。原因很简单：一个受虐者是不值得追求的。擦鞋垫会让人觉得无聊，也会让人感到厌倦。

受虐者受苦是有原因的。原因通常是丈夫在某些方面让她失望了。受虐的妻子总是为自己的丈夫找借口，发誓说“要跟自己的男人”共渡难关——是的，结局一般都很“难”（对她来说）。跟我接触的受虐型妻子一般都是教区的，她们受的训诫就是顺从丈夫。

受虐者的生活主线包括：

“我受苦了才好。”

“别人占我便宜才行。”

“被别人伤害了，才能证明我的存在。”

受虐者的近亲是受害者。这些受害者的生活主线跟受虐者很相似。受害者或受虐者也可以叫作超级取悦者，她们的问题都是一样的——自尊心很弱。受害者和受虐者在这方面的问题更严重。

很多受害者在向别人抱怨自己的不幸和痛苦的时候会经常用“我”“我的”这些字眼。她们经常有种被占便宜的感觉，但是通过向别人抱怨，她们也得到了自己想要的——成为焦点。

还有一部分受虐者和受害者不是为了获得关注，而是因为这样的生活方式能让她们感到“舒服”。某件东西令人舒服，但是已经不值得要了，就不要再迷恋它了。如果要给出一个形象的例子来说明，那我对我那双肥大、破烂的拖鞋的情有独钟就很恰当。桑德总想把它们扔掉，因为实在是太烂了。她想让我穿上她给我买的，或者是孩子们在圣诞节和父亲节买的那些新鞋子。

当然了，我会马上从垃圾桶里把我的旧拖鞋“拯救”出来，然后她就会发现我又跟以前一样穿着那双肥大的破拖鞋了。

她很疑惑：“为什么？有这么多漂亮的新鞋子，为什么一定要穿你那双破鞋呢?”

我只能说：“因为穿着舒服。”

受虐者和受害者的情况就跟我和我的破拖鞋一样，虽然家人、朋友、同事多年来一直对她们不好，她们还是照样维持着这种关系，一直承受着虐待，不被尊重，被取笑，因为所有的一切都是“舒服的”。这种类型的受害者有时被叫作受气包。

受害者的生活主线通常是：

“我被压制才好。”
“我受委屈才好。”

另一大类生活方式是汲取关注者，他们跟控制者有某些相似之处。在你试图获得关注的时候，在某种程度上你也是在寻求控制。家里的老小一般会是这样的生活方式。这些“小鹰”在家里总是想尽一切办法来引起别人的注意，因为在家里那些“大鹰”（哥哥姐姐）总是让他们感到害怕。

我自己就是个汲取关注者，因为小的时候我发现自己的能力无论如何也胜不了大姐和哥哥，所以我要想个别的办法。最后我选择做了家里的小丑，这样既容易又有意思。

我的生活方式在五六岁的时候就基本固定了。所以从那以后，我就变本加厉了，可以说一切的一切都证明了我的信念，就是我必须滑稽可爱，还要制造恶作剧。所以我的生活主线是：“我去娱乐大家获得了别人的关注才行。”至于其他汲取关注者的生活主线还包括：

“我是大家关注的焦点才行。”
“我是家里的大明星才行。”
“我让大家都笑了才好。”

婚姻中相啮合的生活方式

不同的生活方式和生活主线并不一定能够导致婚姻关系的紧张。夫妻双方也可能啮合得很好，相处得很愉快，可能一个控制心强的老小丈夫跟一个爱迎合人、易轻信的老大妻子也能生活得很好。

就在我跟桑德结婚前，我告诉她，我们莱曼家族有个传统，就是妻子要出钱办结婚证。我们说过老大的明显特征之一就是愿意去取悦他人，但是他们又不像其他排行的孩子，他们可能很不明智，很容易就被别人占了便宜。换句话说，我可爱的妻子就很容易上当。

所以当我让她出 5 美元买结婚证的时候，她还感觉这个传统很好呢。我从她手里拿过那 5 美元，放到工作人员面前，说："您刚刚验证了我们家的传统。"

她笑了，我也笑了。我们俩很清楚，当时我正在攻读硕士，身无分文，她工作了，是我们家唯一的经济来源。所以当时也只能一笑了之了，现在想想还是会笑。那时候我们都从那种生活方式中得到了自己的快乐。我得到了想要的关注；桑德也扮演了她想要的取悦者的角色。

在本章中，我仅选择了几种生活方式做了讨论，实际上还有很多其他的生活方式。强迫者就是目标导向型的人，他们会不顾一切地达到目标。他们的生活主线就是："我达到目标才行。"或"我把事情都做完了才好。"

另一种常见的生活方式是寻求合理化的人，他们总会为推卸责任找借口，还要搬出所谓的道理和事实来证明自己行为的合理性。他们的生活主线就是："我能找到个好的解释就行。"或"我能找个挡箭牌让我做个好人就行。"

另一种常见的生活方式就是那些“道学先生”，这可是取悦者的近亲。他们的生活主线可能会是：“我只要按规矩行事就可以了。”或“我生活正经就行。”

我把有关生活方式和生活主线的基本信息都讲完了，现在来看看你和爱人的生活方式和生活主线吧。可以使用以下的练习：

1. 下面哪种说法最适合你的生活方式？如果你感觉适合多个选项，就重新核对一下，在主要的那个边上画个大“X”。然后，把你的生活方式写下来，最主要的写在前面。

   —— 控制者

   —— 完美主义者

   —— 强迫者

   —— 取悦者

   —— 受害者

   —— 受虐者

   —— 道学先生

   —— 汲取关注者

   —— 寻求合理化的人
2. 我的生活主线是：“当 _____ 的时候才好。”
3. 根据上面列出的生活方式，找出适合爱人的那个（请记住，可以选择多项，但是要把最主要的写在前面）：_____。
4. 从上面给出的描述中，将你认为是爱人生活主线的写出来：

   “当 _____ 的时候才好。”

如果你让爱人也为你写一份的话，这份练习就更有意思了。然后两个人就可以把自己对对方生活方式和主线的认识对比一下。

有欺骗性的生活主线会缩短婚姻

最近有统计数据表明，婚姻平均可以持续 7 年。如果你和（或）爱人的生活主线很极端、很不健康，这对你们都很不利，你们的婚姻也不会长久。

在给已婚夫妇做咨询的时候，我发现这些丈夫和妻子认为自己像上帝一样总是对的。我就尽力让他们不要总是说："只有……我才……"希望他们换成："因为……我……"如果他们坚持己见，我就建议他们："跟你自己说如果能够帮助爱人，使她跟其他人一样成熟起来，我才真正地有价值呢。"

如果你坚持要这样想，只有在我有控制力的时候，完美的时候，取悦他人的时候，得到别人关注的时候，或是……我才感觉到自己的存在，你一定要清楚你是在下意识地欺骗自己，一定要学会控制这种情感。比如，下次如果在工作中或聚会上你感到很压抑，就静下心来，问问自己："原来遇到这种情况我会怎么做呢?"然后再问问："现在我又会怎么做呢?"

这可不是什么神奇的妙方，能够立即见效。但是如果你一直用这种原来的我和现在的我对比的办法，你就可以改变自己的生活主线了，你就可以经常说："因为我就是我，所以我有价值!"

你最爱的生活主线

知道你自己最爱的生活主线是什么样的了吗？其实生活主线远不止本章中我们讨论的这些。下面列出的仅是对上面说的"我是完美的才好，我避免和对方发生冲突才好，我是焦点才好，由我掌控才好”的补充，以及对这些类型简短的分析和应对措施。

“在我展现自己的时候，才实现了价值。”这可能会是一个完美主义者或是那些需要关注的人的生活主线。这完全取决于你说的“展现”是什么意思。完美主义者必须认识到你们不可能自己负担一切，人真正的价值在于作为人的存在，而不是作为“表演者”做了什么。至于说人需要被他人关注，他们表演是为了被别人注意到，是为了得到掌声，或是得到奖励，这些自私的行为很容易让人产生挫败感，因为人永远不会满足！

“我赢了才是自我价值的体现。”这只是“我有了控制力才是有价值”的另一种说法而已。这种生活方式还可以这么说，就是“赢—输”，没有中间值。现在我们总会听到有关成功和获胜的消息，但是一直用“赢—输”来做标准是很累的。我想说的是赢了并不是一切，帮助别人赢才是全部。

“我受到照顾才行。”这其实是个混合语，“被别人注意到才行。”或者是“别人专心看才行”。这是老小典型的生命主线，尤其是那些被宠坏了，还有哥哥们保护的小公主的主线。

“我奉献了才是有价值。”这实际上是取悦者主线的变体，是那些追求完美的老大们的最爱，他们可是从小就听爸爸妈妈的话。但是在婚姻中，这些取悦者一定要小心不要过分取悦他人，尤其是跟一个控制者或挑剔的完美主义者结了婚。如果一个人总是付出，那么双方关系肯定会出现裂痕。

出生顺序与五大“人格维度”

弗兰克·萨洛韦是一位多产的著名作家，他的研究有力地证明了排行的影响。他的书《天生叛逆》1996 年一出版，就受到学术界和大众的广泛关注。作为麻省理工学院的研究学者，萨洛韦花费 26 年的时间收集了大量的数据证明家中的老大跟排行靠后的孩子是不一样的。老大们倾向于保守，中规中矩，而其他孩子则思想更开放一些，更愿意去冒险，经常会冒出一些新奇的想法和理论。

萨洛韦这本书的主要内容占 368 页，其后还有 285 页的附录，以及 159 页的尾注和参考书目。如果你耐心细读，就能在书中找到无数有关排行的故事。

萨洛韦从达尔文的理论中得到了不少启发。《天生叛逆》在某种程度上为进化论和自然选择说进行了辩解。20 世纪 60 年代，当时他还是哈佛大学大二的学生，就已经是个达尔文迷了。达尔文把自己说成一个极为普通的人，但他却成了 500 年间通过提出自然选择推动进化论的最有名的科学家之一，萨洛韦对这很感兴趣。

萨洛韦在继续研究达尔文和成千上万其他人之后，得出结论，如果想预测某人的命运，那就看一下他在家中的排行吧。老大们趋向于保守，而像达尔文这样的老小更像是一些自由思考者。我们从萨洛韦大量的研究中都可以清楚地看到，排行的影响确实有科学性，起码是在老大跟其他排行的特点上。

塞西尔·厄恩斯特和朱尔斯·昂斯特在《排行：对人格的影响》（*Birth Order: Its Influence on Personality*）中猛批排行理论。萨洛韦在与他们的论战中总结了 196 个有关排行的研究，而这些研究正符合厄恩斯特和昂斯特所谓的“适当控制型研究”的标准。在他开展的这 196 项研究中，萨洛韦按照五大“人格维度”将它们进行分类。而这五项标准一直是对世界各地不同的国家和使用不同语言的人进行人格测试时的标准。[1] 这“五大”标准包括开放性、严谨性、宜人性、神经质（描述一个人情绪稳定或不稳定）和外向性。在这 196 项研究中，有 72 项确定符合以下描述：

- 开放性——老大更规矩些，传统，与父母人格更一致。
- 严谨性——老大更有责任感，注重结果，有条理性和计划性。
- 宜人性——排行往后的孩子更随和，合作性强，更受欢迎。
- 神经质（情绪不稳定）——老大更容易嫉妒、焦虑、神经质、恐惧、压力大。
- 外向性——老大更外向，自信，而且很愿意展现自己。

萨洛韦为证明排行的影响而援引的最有说服力的例子之一来自海伦·科克（Helen Koch）的著作。海伦·科克是芝加哥大学的一名心理学家，他在对排行影响的各种心理测试做了研究之后，自 1954 年至 1998 年已发表了 10 篇文章。萨洛韦指出：“科克的研究在其精巧的设计方面令人瞩目。即使到了今天，也没有新的研究可以超越她对这么多复合变量的控制。”[2] 科克用了 58 种不同的行为尺度，她的研究结果显示，老大更自信，竞争心强，坚持权力，情绪紧张，容易被失败弄得沮丧。我在多年的心理咨询工作中也发现这些都是老大的典型特征。

尽管许多排行批评家把萨洛韦的作品称为“垃圾和胡话”，但是也有学者认为他说得有道理。现在他已经得到了很多人的认可，他们认为《天生叛逆》在排行方面研究的深度和广度不可忽视。《纽约客》上曾有人对他做出这样的评价：他的作品“在排行对个人的人格发展的重要影响方面，绝对有发言权”；他的作品是“完全原创，跟我之前所见过的作品都不一样”。一位著名的人类学家甚至评论说，萨洛韦将会“像弗洛伊德和达尔文一样进入思想家神殿，因为他们的成就从根本上改变了我们看待自己和世界的方式”。[3]

即使艾伦·沃尔夫（Alan Wolfe），这位萨洛韦著作的批评者之一，在《新共和》（*The New Republic*）中也承认：“那我们就承认这本书里面包含了一个重大的发现。由于萨洛韦详尽的统计调查结果，社会科学家现在必须给予排行应有的重视。”[4]

同时，沃尔夫也指出萨洛韦把排行看作是人格的最终决定因素，这过多地强调了排行的作用。沃尔夫认为，如果我们一味地认为是排行决定了我们的气质人格，“……我们就会产生一种可怕的想法：我们是怎样一种人在我们一出生的时候就确定了，我们无法发挥自己的能动性，对此我们无法改变”。[5]

我完全可以理解沃尔夫的担心，但他应该相信任何阿德勒学派治疗师，因为他们知道怎样把排行对人的作用控制在一个合理的范围内。排行仅是影响人格的因素之一。

01 出生排行的规律

1. See Richard W. Bradley, "Using Birth Order and Sibling Dynamics in Career Counseling," *The Personnel and Guidance Journal* (September 1982): 25. Bradley quotes from the article "Is First Best?" *Newsweek* (January 6, 1969): 37.
2. See, for example, R. L. Adams and B. N. Phillips, "Motivation and Achievement Differences among Children of the Various Ordinal Birth Positions," *Child Development* (March 1972): 157.
3. See Walter Toman, *Family Constellation* (New York: Springer, 1976), 33.
4. Ibid., 5.
5. See James H. S. Bossard, *The Large Family System* (Philadelphia: University of Pennsylvania Press, 1966), 79.

02 影响排行的变量（一）：年龄差距、性别、生理差异、多胞胎、死亡和收养

1. Tom Peters, "'Personality' Has Southwest Flying above Its

Competition," *Arizona Daily Star*, 26 September 1994, p. B4.
2. Quoted in Kevin Leman, *Winning the Rat Race without Becoming a Rat* (Nashville: Thomas Nelson, 1996), 70.
3. "Former Arizona Governor Gets Two and a Half-Year Prison Term," *Los Angeles Times,* 3 February 1998, p. A13.
4. Bradford Wilson and George Edington, *First Child, Second Child* (New York: McGraw-Hill, 1981), 259.
5. Ibid., 282.

03 影响排行的变量（二）：
父母的排行、严苛的父母、父母的价值观、再婚家庭

1. Lee Iacocca with William Novak, *Iacocca* (New York: Bantam, 1986), 18.
2. Ibid.
3. Adapted from Leman, *Winning the RatRace*, 152–53.
4. Statistics provided by the Stepfamily Association of America, Inc., 215 Centennial Mall South, Suite 212, Lincoln, Nebraska 68508–1834.
5. Barbara Hustedt Crook, "His, Hers, Theirs—Buy Nuclear Family Ties," *Cosmopolitan* (August 1991): 76, 78.
6. Adapted from Kevin Leman, *Living in a Stepfamily without Getting Stepped On* (Nashville: Thomas Nelson, 1994), 23.
7. For example, see the work of Carmi Schooler, "Birth Order Effects: Not Here, Not Now!" *Psychological? Bulletin* 78, no. 3 (September 1972): 171–72. Schooler concluded that "... scores for different birth ranks show no significant difference" and that there is good reason to doubt "...

the importance of birth order as a determinant of behavior."

8. Cecile Ernst and Jules Angst, *Birth Order: Its Influence on Personality* (New York: Springer-Berlag, 1983), 242.
9. Joseph Rodgers, psychologist at the University of Oklahoma, who was quoted by Geoffrey Cowley, "First Born, Later Born," *Newsweek* (October 7, 1996): 68.
10. UCLA sociologist Judith Blake's findings were noted in Kenneth L. Woodward with Lydia Denworth, "The Order of Innovation," *Newsweek* (May 21, 1990): 76.
11. Leman, *Winning the Rat Race,* 17.
12. Ibid., 118.
13. Ibid.
14. Robert S. Boynton, "The Birth of an Idea," *The New Yorker* (October 7, 1996): 72.
15. Frank J. Sulloway, *Born to Rebel: Birth Order Family Dynamics and Creative Lives* (New York: Pantheon, 1996), 353.
16. Ibid., 72–74.

04 挑剔强势，但勇于担当的领头羊老大

1. 独生子女有时也叫“超级老大”，因为他们有很多与老大相似的性格特征。老大与独生子女之间的差异会在第 7 章中讨论。
2. We affirm Dr. Leman's lack of editorial comprehension. (TheEditors)
3. Harvey Mackay, *Beware the Naked Man Who Offers You His Shirt* (New York: Ivy Books, 1990), 24.

4. See Leman, *Winning the Rat Race*, 64.
5. Ibid., 26.

05 老大的麻烦：完美主义

1. Jane Goodsell, *Nora Good Word about Anybody* (New York: Ballantine, 1988), 46, 50.

06 摆脱完美主义的方法

1. Adapted from David Stoop, *Self-Talk: Kiy to Personat Growth* (Grand Rapids: Revell, 1982), 120.

07 我行我素，但积极进取的独生子女

1. Tom Falbo, "Does the Only Child Grow Up Miserable?" *Psychology Today* (May 1976): 60.
2. Alfred Adler, *Understanding Human Nature* (New York: Faucett World Library, 1927), 127.
3. Adapted from Leman, *Winning the Rat Race*, 21–22.
4. My official title is "Family Psychologist and Consultant to ABC'sGood *Morning, America.*"
5. Karen Peterson, "Kids without Siblings Get Their Due," *USA to Today*, I

March 1993, p. 1D.

6. "Only Children: Cracking the Myth of the Pampered Only Mis-fit," *U.S. News and World Roport* (January 10, 1994): 50.
7. Peterson, "Kids without Siblings Get Their Due," 1D.
8. This is a paraphrase of what Adler said. See Lucille K. Forer withHenry Still, *The Birth Order Factor* (New York: David McKay, 1976), 255.
9. Adapted from Leman, *Winning the Rat Race*, 146–51.

08 总被忽视，但善于交际的外交家老二

1. 我们重新出版这本书时，关于中间孩子的内容依然是最少的，十分抱歉。
2. Wilson and Edington, *First Child, Second Child, 92*.
3. Forer, *The Birth Order Factor, 77.*
4. Eleanor G. Neisser, *Brothers and Sisters* (New York: Harper, 1951), 154, quoting Eleanor Estes, *The Middle Moffat.*
5. Wilson and Edington, *First Child, Second Child,* 95.
6. Donald J. Trump with Tony Schwartz, *Trump: The Art of the Deal* (New York: Random House, 1987), 3, 43–44.
7. Wilson and Edington, *First Child, Second Child,* 99.
8. Ibid., 104.
9. Ibid., 103.
10. Alfred Adler, *The Individual Psychology of Alfred Adler*, ed. H. L.Ansbacher and R. R. Ansbacher (New York: Harper & Row, 1956), 379–80.
11. Quoted by Irving D. Harris, *The Promised Seed* (Glencove: The Free Press of Glencove, 1964), 75.

12. Pam Hait, "Birth Order and Relationships," *Sunday Woman* (September 12, 1982): 4.

09 自由散漫，但富有创意的推销员老幺

1. Wilson and Edington, *First Child, Second Child,* 108.
2. Mopsy Strange Kennedy, "A Last Born Speaks Out-At Last," *Newsweek* (November 7, 1977): 22.
3. Wilson and Edington, *First Child, Second Child,* 109.
4. Ibid., 108.
5. See also my book *Parenthood without Hassles* (Eugene, Ore: Harvest House, 1979):11
6. See Wilson and Edington, *First Child, Second Child,* 109–10.

10 在专制与放任之间找到平衡

1. Kevin Leman, *making Children Mind without Losing Yours* (Grand Rapids: Revell, 1984), 11.
2. Leman, *Making Children Mind,* 71–72.
3. See Beth Brophy, "Because I Said So," *U.S. News and World Report* (November 10, 1997): 71.
4. For more on this, see *Making Children Mind,* 70.
5. This statement is attributed to Josh McDowell, author and widely known speaker at high school and college campuses across the United States

and in other countries. Josh is the father of three children.

6. See Leman, *Making Children Mind*, 88–89, 109.
7. Ibid., 115–16.

11 帮助老大远离完美主义

1. See Leman, *Making Children Mind*, 88.

14 提防老幺的“小把戏”

1. Wilson and Edington, *First Child, Second Child*, 110–11.
2. Neisser, *Brothers and Sisters*, 165–66.

15 排行规律在工作中的运用

1. For a complete discussion of using birth order knowledge in business, see Leman, *Winning the Rat Race without Becoming a Rat*, from which this chapter was adapted (see especially chapters 4, 5, and 6).
2. Harvey Mackay, *Swim with the Sharks without Being Eaten Alive* (New York: Ivy Books, 1988), 23.

16 受排行影响的婚姻

1. 参见托曼（Toman）的著作《出生排行》（*Family Constellation*），托曼研究了 3 000 个家庭得出这个结论。在另一个小范围的研究中，来自威斯康星大学的西奥多·肯普勒（Theodore D. Kempler）研究了 236 个商界精英和他们的妻子，也得出同样的结论，某两种出生排行的结合会比另两种排行的结合令婚姻更加幸福稳定。这个研究记录在露西尔·福勒（Lucille Forer）的著作《影响出生排行的因素》（*The Birth Order Factor*）里。
2. Toman, Family Constellation.

17 婚姻中的控制者和取悦者

1. Much of the material in this chapter on life-styles and life themes, is adapted from Leman, *Living in a Stepfamily*, see chapters 6 and 7.
2. Alfred Adler, *The Practice and Theory of Individual Psychology* (London: Routledge & Kegan Paul, 1923), 3.
3. Adler, *Understanding Human Nature*, 31.
4. Rudolph Dreikurs, *Fundamentals of Adlerian Psychology* (Chicago: Alfred Adler Institute, 1953), 35.

附录 出生顺序与五大“人格维度”

1. Sulloway cites several different sources concerning the use of the “big five” in personality tests throughout the world. See Sulloway, *Born to Rebel,* 68.

2. Ibid., 75.
3. Boynton, "The Birth of an Idea," 74.
4. Alan Wolfe, "Up from Scientism," *The New Republic* (December23, 1996): 32.
5. Ibid., 35.

未来，属于终身学习者

我这辈子遇到的聪明人（来自各行各业的聪明人）没有不每天阅读的——没有，一个都没有。巴菲特读书之多，我读书之多，可能会让你感到吃惊。孩子们都笑话我。他们觉得我是一本长了两条腿的书。

——查理·芒格

互联网改变了信息连接的方式；指数型技术在迅速颠覆着现有的商业世界；人工智能已经开始抢占人类的工作岗位……

未来，到底需要什么样的人才？

改变命运唯一的策略是你要变成终身学习者。未来世界将不再需要单一的技能型人才，而是需要具备完善的知识结构、极强逻辑思考力和高感知力的复合型人才。优秀的人往往通过阅读建立足够强大的抽象思维能力，获得异于众人的思考和整合能力。未来，将属于终身学习者！而阅读必定和终身学习形影不离。

很多人读书，追求的是干货，寻求的是立刻行之有效的解决方案。其实这是一种留在舒适区的阅读方法。在这个充满不确定性的年代，答案不会简单地出现在书里，因为生活根本就没有标准确切的答案，你也不能期望过去的经验能解决未来的问题。

而真正的阅读，应该在书中与智者同行思考，借他们的视角看到世界的多元性，提出比答案更重要的好问题，在不确定的时代中领先起跑。

CHEERS

本书阅读资料包

给你便捷、高效、全面的阅读体验

本书参考资料

湛庐独家策划

- 参考文献
  为了环保、节约纸张，部分图书的参考文献以电子版方式提供
- 主题书单
  编辑精心推荐的延伸阅读书单，助你开启主题式阅读
- 图片资料
  提供部分图片的高清彩色原版大图，方便保存和分享

相关阅读服务

终身学习者必备

- 电子书
  便捷、高效，方便检索，易于携带，随时更新
- 有声书
  保护视力，随时随地，有温度、有情感地听本书
- 精读班
  2~4周，最懂这本书的人带你读完、读懂、读透这本好书
- 课　程
  课程权威专家给你开书单，带你快速浏览一个领域的知识概貌
- 讲　书
  30分钟，大咖给你讲本书，让你挑书不费劲

湛庐编辑为你独家呈现
助你更好获得书里和书外的思想和智慧，请扫码查收！

（阅读资料包的内容因书而异，最终以湛庐阅读App页面为准）

著作权合同登记号：图字：01-2022-3757 号

图书在版编目（CIP）数据

领头羊老大，外交家老二，推销员老幺 /（美）凯文·莱曼（Kevin Leman）著；郭红梅，刘圆圆，崔艺楠译. —北京：中国纺织出版社有限公司，2022.8
书名原文：The Birth Order Book: Why You Are the Way You Are
ISBN 978-7-5180-9658-9

Ⅰ. ①领…　Ⅱ. ①凯…　②郭…　③刘…　④崔…　Ⅲ. ①家庭教育　Ⅳ. ①G78

中国版本图书馆CIP数据核字（2022）第123244号

责任编辑：闫　星　　责任校对：高　涵　　责任印制：储志伟

中国纺织出版社有限公司出版发行
地址：北京市朝阳区百子湾东里 A407 号楼　邮政编码：100124
销售电话：010—67004422　传真：010—87155801
http://www.c-textilep. com
中国纺织出版社天猫旗舰店
官方微博 http://weibo.com/2119887771
天津中印联印务有限公司印刷　各地新华书店经销
2022年8月第1版第1次印刷
开本：710×965　1/16　印张：17
字数：200千字　定价：72.90元

凡购本书，如有缺页、倒页、脱页，由本社图书营销中心调换